Martin Orack

Neiiin nicht zu Mama

Band 4   Das Wohl des Kindes

Herstellung und Verlag:

BoD – Books on Demand, Norderstedt

ISBN 9783734731518

Martin Orack

Neiiiin nicht zu Mama

Band 4

Das Wohl des Kindes

Die juristische Theorie und ihre Umsetzung

Gesetze und Grundsatzurteile scheinen niemanden wirklich zu interessieren. Man hat den Eindruck, dass weder Jugendamt noch Anwälte noch Familienrichter die Gesetze zu Trennung und Scheidung, insbesondere die entsprechenden §§ des BGB kennen oder zur Kenntnis nehmen oder gar anwenden.

Sie haben bisher auch noch nicht in ihrer täglichen Arbeit berücksichtigt, dass das Antidiskriminierungsgesetz die unterschiedliche Behandlung von Mann und Frau verbietet und dass deshalb gerade im geschilderten Fall die Kind-Vater-Beziehung zum Wohle des Kindes von besonderer Bedeutung ist.

Im folgenden werden ausschließlich die §§ des BGB zitiert, die Rechte und Pflichten aller Beteiligten zur Zeit der Trennung vor einer Scheidung behandeln. Die Scheidung, ihr Vollzug und ihre Auswirkungen sind nicht Thema dieser Darstellung.

Hier nun zunächst jeweils in direktem Bezug zu dem entsprechenden Paragrafen des BGB einige Kommentare zu diesen gesetzlichen Regelungen auf Grund eigenen Erlebens.

BGB §1627 Ausübung der elterlichen Sorge

Die Eltern haben die elterliche Sorge in eigener Verantwortung und in gegenseitigem Einvernehmen zum Wohl des Kindes auszuüben. Bei Meinungsverschiedenheiten müssen sie versuchen, sich zu einigen.

Kommentar:
Zunächst einmal klingt der Text gut. Eltern haben das Recht über ihre Kinder ohne Einfluss von außen allein, aber einvernehmlich zu entscheiden.

Die Eltern haben die Pflicht, sich zu einigen und das Wohl des Kindes als ausschließliches Kriterium anzuwenden.

Aber leider ist das Wohl des Kindes dabei zunächst ein weiter Begriff, es gibt keine Anhaltspunkte, wann Außenstehende eingreifen dürfen, oder wie die Rechte und Pflichten durchgesetzt werden können.

BGB §1628 Gerichtliche Entscheidung bei Meinungsverschiedenheiten der Eltern

Können sich die Eltern in einer einzelnen Angelegenheit oder in einer bestimmten Art von Angelegenheiten der elterlichen Sorge, deren Regelung für das Kind von erheblicher Bedeutung ist, nicht einigen, so kann das Familiengericht auf Antrag eines Elternteils die Entscheidung einem Elternteil übertragen. Die Übertragung kann mit Beschränkungen oder mit Auflagen verbunden werden.

Kommentar:
Bei einer für das Kind unerheblichen Bedeutung einer Handlung ist die Pflicht zum Einvernehmen nicht gegeben. Es bleibt aber offen, was unerheblich ist. Vielleicht alles, was nicht durch andere §§ oder Gesetze geregelt wird?

Da aber nur Extreme gesetzlich geregelt werden, ist dann der Rahmen des Kindeswohls sehr eng gefasst, es gibt einen weiten ungeregelten Bereich, in dem die Eltern oder Elternteile einzeln frei über die Art der Betreuung und Erziehung des Kindes entscheiden können, ohne dass jemand eingreifen darf.

Ein sehr unterschiedliches Verhalten von Mutter und Vater gegenüber dem Kind kann für das Kind aber sehr belastend sein, eine Milderung oder Ergänzung der Erziehungsmaßnahmen durch gleichzeitige Anwesenheit beider Elternteile wie in einer Familie besteht ja bei wechselndem Aufenthalt und wechselnder Betreuung nicht mehr.

Ein Wechselbad ist eben kein wohltemperierte Bad mehr, das gilt auch für die Seele des Kindes.

BGB §1631 Inhalt und Grenzen der Personensorge

(1) Die Personensorge umfasst insbesondere die Pflicht und das Recht, das Kind zu pflegen, zu erziehen, zu beaufsichtigen und seinen Aufenthalt zu bestimmen.

(2) Kinder haben ein Recht auf gewaltfreie Erziehung. Körperliche Bestrafungen, seelische Verletzungen und andere entwürdigende Maßnahmen sind unzulässig.

(3) Das Familiengericht hat die Eltern auf Antrag bei der Ausübung der Personensorge in geeigneten Fällen zu unterstützen.

Kommentar:
Dieser Paragraf ist in der Wirklichkeit ohne Bedeutung, denn Jugendämter, Familiengerichte und Psychologen werten das Schlagen und Misshandeln eines Kindes durch einen Elternteil nicht. Sie sehen (gesellschaftlich nach wie vor überwiegend akzeptierte) Schläge und psychische Misshandlungen nicht als unzulässigen Schaden des Kindeswohls an, also zu Gunsten der Sorgerechtsübertragung auf den anderen Elternteil, jedenfalls mindestens dann nicht, wenn der schlagende und misshandelnde Elternteil die Mutter ist.

Obwohl das Gesetz eindeutig sagt, dass diese Misshandlungen unzulässig sind, werten die beteiligten Stellen und Personen den Aufenthalt des Kindes bei der misshandelnden Mutter als an sich höherwertig an als den Aufenthalt beim gewaltfreien Vater.

Obwohl das Gesetz ausdrücklich sagt, dass Mutter und Vater gleich zu werten und zu behandeln sind, wird traditionell nach alten gesellschaftliche Vorurteilen gehandelt.

Es ist nicht möglich, dagegen etwas zu unternehmen, es gibt keine Revisionsmöglichkeiten gegen Jugendämter oder Familiengerichte, diese Institutionen können machen und entscheiden, wie sie wollen.

Interpretationen von Psychologen haben großes Gewicht, auch wenn sie nur nach Aktenlage ohne Ansehen oder Anhörung der beteiligten Personen erfolgen oder Erkenntnisse angeblich wegen der Schweigepflicht nicht offengelegt werden gegenüber dem Jugendamt oder dem Familiengericht.

Jugendämter und Gerichte schreiten nur ein bei Lebens- oder Vermögensgefahr des Kindes. Körperliche oder seelische Verletzungen, die nicht unmittelbar lebensbedrohlich sind, werden nicht verfolgt.

BGB §1666 Gerichtliche Maßnahmen bei Gefährdung des Kindeswohls

(1) Wird das körperliche, geistige oder seelische Wohl des Kindes oder sein Vermögen gefährdet und sind die Eltern nicht gewillt oder nicht in der Lage, die Gefahr abzuwenden, so hat das Familiengericht die Maßnahmen zu treffen, die zur Abwendung der Gefahr erforderlich sind.

(2) In der Regel ist anzunehmen, dass das Vermögen des Kindes gefährdet ist, wenn der Inhaber der Vermögenssorge seine Unterhaltspflicht gegenüber dem Kind oder seine mit der Vermögenssorge verbundenen Pflichten verletzt oder Anordnungen des Gerichts, die sich auf die Vermögenssorge beziehen, nicht befolgt.

(3) Zu den gerichtlichen Maßnahmen nach Absatz 1 gehören insbesondere

1. Gebote, öffentliche Hilfen wie zum Beispiel Leistungen der Kinder- und Jugendhilfe und der Gesundheitsfürsorge in Anspruch zu nehmen,

2. Gebote, für die Einhaltung der Schulpflicht zu sorgen,

3. Verbote, vorübergehend oder auf unbestimmte Zeit die Familienwohnung oder eine andere Wohnung zu nutzen, sich in einem bestimmten Umkreis der Wohnung aufzuhalten oder zu bestimmende andere Orte aufzusuchen, an denen sich das Kind regelmäßig aufhält,

4. Verbote, Verbindung zum Kind aufzunehmen oder ein Zusammentreffen mit dem Kind herbeizuführen,

5. die Ersetzung von Erklärungen des Inhabers der elterlichen Sorge,

6. die teilweise oder vollständige Entziehung der elterlichen Sorge.

(4) In Angelegenheiten der Personensorge kann das Gericht auch Maßnahmen mit Wirkung gegen einen Dritten treffen.

Kommentar:
Dieser Paragraf bekräftigt das vorher beschriebene noch einmal.

Die im Abs (3) genannten Gründe, den Umgang mit einem Elternteil einzuschränken, wird ohne Zögern gegen schlagende Väter angewandt, aber nicht gegen schlagende Mütter.

Schläge von Vätern gelten immer als Ausdruck von Jähzorn oder erzieherischen Unvermögen. Schläge von Müttern gelten als wohlmeinende Erziehungsmaßnahme, jeder Mutter darf mal der Geduldsfaden reißen. Dieser traditionelle und gesellschaftlich gestützte Unterschied wird aber vom Gesetz nicht (mehr) gemacht, trotzdem aber von den beteiligten Einrichtungen und Personen nach wie vor so gewertet.

Um keine Missverständnisse aufkommen zu lassen, Schläge von Vätern sollen keineswegs verharmlost werden, sondern im Gegenteil müssen Schläge von Müttern genauso negativ gewertet werden. Gewalt, ob körperlich oder seelisch, ist immer zu vermeiden, besonders gegenüber Kindern. Gewalt ist immer ein Zeichen von Hilflosigkeit, ein Signal, dass von außen eingegriffen werden sollte, egal ob die Gewalt vom Vater oder der Mutter ausgeübt wird.

BGB §1671 Getrenntleben bei gemeinsamer elterlicher Sorge

(1) Leben Eltern, denen die elterliche Sorge gemeinsam zusteht, nicht nur vorübergehend getrennt, so kann jeder Elternteil beantragen, dass ihm das Familiengericht die elterliche Sorge oder einen Teil der elterlichen Sorge allein überträgt.

(2) Dem Antrag ist stattzugeben, soweit

1. der andere Elternteil zustimmt, es sei denn, dass das Kind das 14. Lebensjahr vollendet hat und der Übertragung widerspricht, oder

2. zu erwarten ist, dass die Aufhebung der gemeinsamen Sorge und die Übertragung auf den Antragsteller dem Wohl des Kindes am besten entspricht.

(3) Dem Antrag ist nicht stattzugeben, soweit die elterliche Sorge auf Grund anderer Vorschriften abweichend geregelt werden muss.

Kommentar:
Das hört sich gut an. Man könnte meinen, dass es direkt umsetzbar wäre, wenn ein Elternteil misshandelt und der andere Elternteil dem Kind mehr bieten kann für seine Entwicklungsmöglichkeiten. Mag sein, dass das angewendet wird, wenn der Vater der misshandelnde und die Mutter finanziell und bildungsmäßig die bessere Umgebung bietet.

Dann genügt schon eine der beiden Voraussetzungen, um der Mutter das Aufenthaltsbestimmungsrecht zu übertragen, wenn sie es beantragt. Wenn aber der Vater sogar beide Voraussetzungen erfüllt, wird ihm das Aufenthaltsbestimmungsrecht trotzdem nicht übertragen, und wenn es mit der „Ausrede" ist, er sei ja beruflich zu engagiert, um sich ausreichend um das Kind kümmern zu können. Der sonstige familiäre Hintergrund wie Großeltern oder andere Verwandte wird von Jugendamt und Gerichten nicht anerkannt, jedenfalls nicht zugunsten des Vaters und ohne Rücksicht auf das Wohl des Kindes.

Eine Berufstätigkeit der Mutter wird nicht negativ gewertet, wird höchstens von Mitleid wegen der Notwendigkeit begleitet. Familiärer Hintergrund (Mutter der Mutter oder Schwester der Mutter) wird immer positiv bewertet, immer betrachtet, ein Bezug zum Vater des Vaters wird als unerheblich für das Kind gewertet. Das ist eine eindeutige Bevorzugung nach Geschlecht, ein Verstoß gegen das Antidiskriminierungsgesetz durch Jugendämter und Gerichte.

BGB § 1684 Umgang des Kindes mit den Eltern

(1) Das Kind hat das Recht auf Umgang mit jedem Elternteil; jeder Elternteil ist zum Umgang mit dem Kind verpflichtet und berechtigt.

(2) Die Eltern haben alles zu unterlassen, was das Verhältnis des Kindes zum jeweils anderen Elternteil beeinträchtigt oder die Erziehung erschwert. Entsprechendes gilt, wenn sich das Kind in der Obhut einer anderen Person befindet.

(3) Das Familiengericht kann über den Umfang des Umgangsrechts entscheiden und seine Ausübung, auch gegenüber Dritten, näher regeln. Es kann die Beteiligten durch Anordnungen zur Erfüllung der in Absatz 2 geregelten Pflicht anhalten. Wird die Pflicht nach Absatz 2 dauerhaft oder wiederholt erheblich verletzt, kann das Familiengericht auch eine Pflegschaft für die Durchführung des Umgangs anordnen (Umgangspflegschaft). Die Umgangspflegschaft umfasst das Recht, die Herausgabe des Kindes zur Durchführung des Umgangs zu verlangen und für die Dauer des Umgangs dessen Aufenthalt zu bestimmen. Die Anordnung ist zu befristen. Für den Ersatz von Aufwendungen und die Vergütung des Umgangspflegers gilt § 277 des Gesetzes über das Verfahren in Familiensachen und in den Angelegenheiten der freiwilligen Gerichtsbarkeit entsprechend.

(4) Das Familiengericht kann das Umgangsrecht oder den Vollzug früherer Entscheidungen über das Umgangsrecht einschränken oder ausschließen, soweit dies zum Wohl des Kindes erforderlich ist. Eine Entscheidung, die das Umgangsrecht oder seinen Vollzug für längere Zeit oder auf Dauer einschränkt oder ausschließt, kann nur ergehen, wenn andernfalls das Wohl des Kindes gefährdet wäre.

Das Familiengericht kann insbesondere anordnen, dass der Umgang nur stattfinden darf, wenn ein mitwirkungsbereiter Dritter anwesend ist. Dritter kann auch ein Träger der Jugendhilfe oder ein Verein sein; dieser bestimmt dann jeweils, welche Einzelperson die Aufgabe wahrnimmt.

Kommentar:
Dies untersagt beiden Elternteilen negative Aussagen über den anderen. Aber auch hier werden Mutter und Vater völlig ungleich behandelt. Vorwürfe der Mutter gegen den Vater werden kritiklos geglaubt, vor Gericht als „Aussagen" bezeichnet, und helfen im Widerspruch zu diesem Paragrafen der Mutter, das Aufenthaltsbestimmungsrecht zu bekommen. Vorwürfe des Vaters gegen die Mutter werden dem Vater als Schlechtmachen der Mutter, als Verstoß gegen das Wohl des Kindes angelastet, vor Gericht als „Behauptungen" bezeichnet und verhindern, dass er das Aufenthaltsbestimmungsrecht bekommt.

Auslegungen des entsprechenden Verhaltens von Mutter und Vater sind immer zum Nachteil des Vaters ohne Rücksicht auf das Wohl des Kindes. Die begutachtenden Psychologen können immer das gewünschte Ergebnis in ihre Beobachtungen und Wertungen hineininterpretieren, wie später im Kapitel „Beliebigkeit der Auslegung" an etlichen Beispielen aufgezeigt wird.

Es wird leider überhaupt nicht erwähnt, wie zu verfahren ist, wenn der Umgangsberechtigte und verpflichtete Elternteil den Umgang mit dem Kind nicht wahr nimmt. Oft wird unterstellt, dass das der Vater ist. Maßregelnde Aktionen werden von Jugendämtern und Gerichten im allgemeinen auch nur gegen solche Väter eingeleitet.

Aber es gibt, wie in dem in dieser Buchreihe beschriebenen Fall, durchaus auch Mütter, die den Umgang nicht wahr nehmen (wollen), eventuell auch weit weg ziehen vom Wohnort des Kindes. In solchen Fällen wird unterstellt, dass der Vater den Umgang aktiv verhindert, auch in diesem Fall gibt es also eher Maßregelungen gegen den Vater.

Eigentlich stellt sich schon die Frage, ob ein solches Verhalten des Umgangspflichtigen Elternteils nicht ausreichender Grund ist, die Sorge vollständig auf den alleinerziehenden Elternteil zu übertragen.

Mütter hätten da derzeit vielleicht eine Chance, Väter eher nicht.

BGB §1685 Umgang des Kindes mit anderen Bezugspersonen

(1) Großeltern und Geschwister haben ein Recht auf Umgang mit dem Kind, wenn dieser dem Wohl des Kindes dient.

(2) Gleiches gilt für enge Bezugspersonen des Kindes, wenn diese für das Kind tatsächliche Verantwortung tragen oder getragen haben (sozial-familiäre Beziehung). Eine Übernahme tatsächlicher Verantwortung ist in der Regel anzunehmen, wenn die Person mit dem Kind längere Zeit in häuslicher Gemeinschaft zusammengelebt hat.

(3) §1684 Abs. 2 bis 4 gilt entsprechend. Eine Umgangspflegschaft nach § 1684 Abs. 3 Satz 3 bis 5 kann das Familiengericht nur anordnen, wenn die Voraussetzungen des §1666 Abs. 1 erfüllt sind.

Kommentar:
Dies betont das Recht des Kindes auf Umgang mit Großeltern und anderen Verwandten, schränkt es aber zugleich wieder ein. Denn die „Regel" in Absatz 2 wird von Jugendämtern und Gerichten als ausschließliche Voraussetzung verwendet. Großeltern werden beim Aufenthalt des Kindes nur berücksichtigt, wenn vor der Trennung alle als Großfamilie in einer Wohnung oder einem Haus gelebt haben. Bei noch so geringer örtlicher Trennung der Großeltern von der Familienwohnung wird der §1685 nicht angewendet. Auch wenn beide Eltern berufstätig waren und deshalb das Kind, oft auch über Nacht ein Drittel seiner Zeit bei den Großeltern gelebt hat, interessiert das niemanden. Die Trennung der Eltern führt also gegen das Wohl des Kindes zur Trennung von den Großeltern, sie können bestenfalls am Aufenthalt des Kindes bei dem mit

ihnen verwandten Elternteil teilhaben. Aus einem Aufenthalt des Kindes von einem Drittel der Zeit bei den Großeltern wird also bestenfalls ein Aufenthalt von weniger als einem Viertel der Zeit.

Auch wenn immer betont wird, dass vorhandene soziale Bindungen des Kindes erhalten bleiben sollen, werden Umgebung (Bekannte, Orte), Verwandte, insbesondere Großeltern dabei nicht gewertet, wenn die Mutter mit dem Kind wegzieht. Sofort ist das Argument da „bei der Mutter ist das Kind doch am besten aufgehoben, das ist seine wichtigste soziale Bindung". Untersucht und belegt wird diese Behauptung nicht, schon gar nicht, ob der Wegzug vom Vater ein Herausreißen gegen das Wohl des Kindes ist. Bei der Mutter werden immer gute Gründe angenommen, dem Vater wird immer böses Verhalten unterstellt.

BGB §1686 Auskunft über die persönlichen Verhältnisse des Kindes

Jeder Elternteil kann vom anderen Elternteil bei berechtigtem Interesse Auskunft über die persönlichen Verhältnisse des Kindes verlangen, soweit dies dem Wohl des Kindes nicht widerspricht. Über Streitigkeiten entscheidet das Familiengericht.

Kommentar:
Dies ist nicht umsetzbar, wenn der Vater Auskunft über Umgang, Wohnverhältnisse und Einkommen der Mutter verlangt. Es wird immer stillschweigend vorausgesetzt, dass die "arme" und „besorgte" Mutter Anspruch und Bedarf auf diese Auskünfte durch den Vater hat.

Die Wohn- und Personenumgebung der Mutter spielen keine Rolle, kein Jugendamt und kein Familiengericht wird einen Vergleich zum Wohle des Kindes durchführen. Es wird ausdrücklich von Jugendämtern und Familiengerichten betont, dass es nicht darum geht, wo es dem Kind besser geht, wo es alte Bezüge weiter pflegen und leben kann, sondern bestenfalls nur darum, ob es dem Kind gut (nicht miserabel schlecht) geht, also ob Lebens- oder Vermögensgefahr besteht oder nicht. Die andere Umgebung beim anderen Elternteil wird nicht untersucht.

Auf jeden Fall wird so verfahren, wenn die Mutter mit dem Kind ausgezogen ist. Es wird auf Verlangen des Vaters die Umgebung bei der Mutter in Augenschein genommen, nicht die Umgebung beim Vater, es gibt keinen Vergleich.

Umgekehrt würde das Jugendamt aber die für das Kind „gewohnte" bisherige Umgebung bei der Mutter anschauen und auch ohne Besichtigung der neuen Umgebung beim Vater empfehlen, dass das Kind in der bisherigen Umgebung bei der Mutter leben sollte. „Bei der Mutter ist das Kind immer gut aufgehoben", insbesondere in der bisherigen Umgebung.

Das ist eindeutig Diskriminierung des Vaters und damit gesetzeswidrig. Die Jugendämter und Familiengerichte scheuen sich trotzdem nicht, genau so zu argumentieren und zu verfahren.

BGB §1687 Ausübung der gemeinsamen Sorge bei Getrenntleben

(1) Leben Eltern, denen die elterliche Sorge gemeinsam zusteht, nicht nur vorübergehend getrennt, so ist bei Entscheidungen in Angelegenheiten, deren Regelung für das Kind von erheblicher Bedeutung ist, ihr gegenseitiges Einvernehmen erforderlich. Der Elternteil, bei dem sich das Kind mit Einwilligung des anderen Elternteils oder auf Grund einer gerichtlichen Entscheidung gewöhnlich aufhält, hat die Befugnis zur alleinigen Entscheidung in Angelegenheiten des täglichen Lebens. Entscheidungen in Angelegenheiten des täglichen Lebens sind in der Regel solche, die häufig vorkommen und die keine schwer abzuändernden Auswirkungen auf die Entwicklung des Kindes haben. Solange sich das Kind mit Einwilligung dieses Elternteils oder auf Grund einer gerichtlichen Entscheidung bei dem anderen Elternteils aufhält, hat dieser die Befugnis zur alleinigen Entscheidung in Angelegenheiten der tatsächlichen Betreuung. § 1629 Abs. 1 Satz 4 und § 1684 Abs. 2 Satz 1 gelten entsprechend.

(2) Das Familiengericht kann die Befugnisse nach Abs 1 Satz 2 und 4 einschränken oder ausschließen, wenn dies zum Wohl des Kindes erforderlich ist.

Kommentar:
Dies wird immer nur zum Nachteil des Kindes und gegen den Vater angewendet.
Die Mutter wird fast immer von Behörden, Versicherungen, Ärzten ohne Nachweis als erziehungsfähig und sorgeberechtigt anerkannt, es wird einfach unterstellt, dass sie allein handeln darf oder im gemeinsamen Auftrag handelt.
Die Mutter kann meistens sogar ohne Begleitung des Kindes bei Ämtern und anderen Einrichtungen das Leben des

Kindes beeinflussende Änderungen veranlassen. Beispiele sind Ummelden, Kindergarten - Anmeldung, Kindergeld. Dem Vater wird das selbst mit dem Kind an der Hand verweigert. Er muss einen Nachweis oder die zustimmende Unterschrift der Mutter beibringen. Einseitige alleinige Handlungen der Mutter kann der Vater nicht rückgängig machen lassen ohne erneute Zustimmung der Mutter, obwohl die Ausführung einseitig und rechtswidrig war.

Der Vater bekommt vom Familiengericht bestenfalls die Aussage „es war Unrecht, aber durch den Vollzug ist es Recht geworden". Und auf der Grundlage der rechtswidrig von der Mutter veranlassten Änderungen werden dann weitere Folgerungen gezogen, die dem Vater Schritt für Schritt mehr Rechte nehmen, ihm das Kind rechtswidrig immer weiter entziehen, ohne dass er sich dagegen wehren kann. Versucht er es, dann wird ihm vorgeworfen, er verlasse den gesetzlich vorgeschriebenen Pfad der einvernehmlichen Einigung, zerrütte damit das Verhältnis gegen das Wohl des Kindes noch mehr und das ist dann in der Verhandlung um das Sorgerecht zu seinem Nachteil.

Rechtswidriges Verhalten der Mutter wird akzeptiert, Wohlverhalten des Vaters dazu verlangt.

Vollendete Tatsachen zu schaffen ist für die Mutter von Vorteil. Rechtswidriges Verhalten des Vaters wird meisten sofort abgeblockt, wird rückgängig gemacht oder aber erst recht gegen ihn verwendet. Vollendete Tatsachen zu schaffen ist für den Vater auf jeden Fall von Nachteil. Der Vater des Kindes hat fast immer das Nachsehen ohne Rücksicht auf das Wohl des Kindes.
Es gibt das internationale Haager Abkommen, das die Rückführung eines in ein anderes Land entführten oder entzogenen Kindes regelt, das aber wohl Deutschland bis-

her nicht ratifiziert hat. Das führt zu dem kuriosen Verhalten, dass deutsche Gerichte zwar auf Grundlage dieses Abkommens die von anderen Ländern verlangte Rückführung von Kindern in diese Länder vollzieht, aber nicht die Rückführung von Kindern nach Deutschland beantragt oder vollzieht. So wird es auch innerhalb Deutschlands praktiziert. Zieht die Mutter mit dem Kind rechtswidrig gegen den Willen des Vaters in einen entfernten Ort oder ein anderes Bundesland, so wird das Kind nicht zurückgeführt in seine bisherige Umgebung. Die rechtswidrig vollzogene Tatsache führt sogar dazu, dass der neue Wohnort unverzüglich als der derzeit überwiegende Aufenthaltsort des Kindes von allen beteiligten Stellen anerkannt wird. Das dortige Jugendamt und das dortige Familiengericht halten sich für zuständig, die Vorgeschichte spielt keine Rolle mehr. Die beteiligten Stellen am bisherigen Wohnort des Kindes legen den Vorgang zu den Akten, sind nicht mehr ansprechbar.

Es wird in solchen Fällen außerdem im allgemeinen vom Familiengericht festgestellt, dass ein wechselnder Aufenthalt bei der großen Entfernung nicht zumutbar ist und daher das Kind zwar rechtswidrig aber endgültig seinen Aufenthalt bei der wegziehenden Mutter hat, ohne jede Rücksicht auf die Umstände.

Wenn jedoch der Vater mit dem Kind in einen entfernten Ort zieht, wird alles unternommen, das Kind zurückzuführen, und die Stellen am bisherigen Wohnort behalten ihre Zuständigkeit.

Das Wohl des Kindes spielt überhaupt keine Rolle

Leider werden Mütter und Väter entgegen den gesetzlichen Regelungen unterschiedlich behandelt von Jugendämtern, Familiengerichten und der Polizei, genauso von Vereinen wie DKSB und Kinderschutzzentren.

Sie alle sehen sich eher als Einrichtungen zum Schutz der Mutter vor dem Vater, die Kinder spielen eine Nebenrolle, müssen aus Sicht dieser Einrichtungen bestenfalls vor dem Vater geschützt werden.

Das Jugendamt schaut nach der Wohn- und Betreuungssituation des Kindes mit zwei Tagen Vorankündigung. Es gibt keine Prüfung, ob Mutter und Kind dort überhaupt wohnen, wirklich so untergebracht sind, ob die gezeigten Betten und Spielzeuge überhaupt dem Kind gehören.

Es wird nicht der Umgang geprüft, welche Personen oder Tiere dort noch wohnen oder untergebracht sind.

Es wird nur auf lebensbedrohliche Gefahren geprüft. Nur das sei Aufgabe des Jugendamtes.

Jugendamt und DKSB lehnen es ab, die Familie in Situationen wie der Übergabe des Kindes zu beobachten und sich ein Bild vom Wohlergehen des Kindes zu machen und die Elternteile in ihrem Betreuungs- und Erziehungsverhalten zu beurteilen.

Was die Mutter sagt und tut wird zu ihrem Vorteil ausgelegt.

Egal was der Vater sagt oder tut, es wird immer gegen ihn verwendet.

Müttern ist also zu empfehlen, als handelnde Übeltäter vollendete Tatsachen zu schaffen, Männern ist davon dringend abzuraten, auch davon, nachträglich gleiches mit gleichem zu vergelten.

Ein Versuch des Vaters, den vorausgehenden rechtmäßigen Zustand wiederherzustellen wird zu seinem Nachteil als einseitige Handlung gegen das Wohl des Kindes eingestuft, weil angeblich streitig statt ausgleichend.

Ein entsprechender Versuch der Mutter wird als ihr Bemühen um das Wohl des Kindes gewertet.

Die Elternteile sollen sich nach dem Gesetz immer um einvernehmliche Einigung bemühen. Wenn aber Väter in diesem Sinne am Beginn der Trennung nichts gegen die Mutter unternehmen, dann wird ihnen das später als mangelndes Interesse am Kind ausgelegt. Einseitige Aktionen der Mutter gegen den Vater werden aber als Bemühen der Mutter um das Kind gewertet.

Rechtsverstöße durch die Mutter werden als vollzogene Tatsache zu Recht, wenn der Vater nicht unmittelbar ein Gericht anruft. Aber das Anrufen des Gerichts wird als einigungsunwillig und streitbar gewertet, derjenige verweigert angeblich eine einvernehmliche Einigung, schadet dem Wohl des Kindes. Ein Hinnehmen (einigungsbemüht) oder Nicht-Hinnehmen (streitsüchtig) durch den Vater wird also immer zum Eigentor gegen den Vater, als dem Wohl des Kindes abträglich gewertet.

Wenn eine Mutter etwas Schlechtes über den Vater sagt, dann wird ihr das geglaubt, wenn sie nichts sagt, ist das ihre Bereitschaft zur Versöhnung.

Wenn ein Vater etwas Schlechtes über die Mutter sagt, dann ist das üble Nachrede aus Enttäuschung, wenn er nichts sagt, ist das seine Abwehr gegen Einvernehmen.

Den Einzelfall anschauen und entsprechend zu argumentieren, rechnet sich nicht für Anwälte, also gibt es nur übliche Schriftstücke, Argumente und Entscheidungen, die statistisch in den meisten Fällen passen.

Alle Beteiligten nehmen billigend in Kauf, dass sie gegen das Wohl des Kindes handeln und den Vater benachteiligen, alles andere würde zu viel Arbeit machen.

Das gleiche gilt für die Gutachter. Ein abgeschriebenes Standardgutachten ohne Anschauen des speziellen Einzelfalles stimmt in über 90% der Fälle mit über 90% des Inhaltes. Da fallen ein paar Fehlgutachten nicht auf und nicht ins Gewicht. Allerdings ist das im Einzelfall unverantwortlich gegenüber dem Wohl des Kindes.

Das Jugendamt darf angeblich erst tätig werden, wenn Gefahr für Leben oder Vermögen des Kindes besteht. Wohlgemerkt für Leben oder Vermögen!!

Psychische und körperliche Belastung und umgekehrt die Gesundheit und fördernde Entwicklung des Kindes zählen nicht, wenn die bessere Umgebung vom Vater geboten wird, umgekehrt bei der Mutter sehr wohl.

Es gilt immer auch die Grundannahme, dass es im Prinzip besser ist für das Kind, bei der Mutter zu sein. Für den Vater gibt es ein solches Grundvertrauen nicht, da braucht es schwerwiegende Gründe.

Der Umgang und die sozialen Kontakte des Kindes spielen ebenso im Vergleich von Vater und Mutter keine Rolle. Die Gefahr, einen Außenseiter und Gewalttäter heran-zuziehen, wird billigend in Kauf genommen, wenn das Kind bei der Mutter ist. Umgekehrt wird das beim Vater als schwerwiegender Grund eingestuft, ihm das Kind nicht anzuvertrauen.

Der Wunsch des Kindes und sein Verhalten spielen keine Rolle. Jeder Versuch einer Veränderung zugunsten des Vaters oder des Kindes wird von allen Beteiligten zurück-gewiesen.

Bei Kleinkindern gilt standardmäßig die Annahme „das Kind ist immer bei seiner Mutter am besten aufgehoben".

Ob alle Beteiligten genau so handeln würden, wenn die Personen/Rollen Mutter und Vater vertauscht wären?

Laut Gesetz müsste das unerheblich sein, tatsächlich ist das Handeln der beteiligten Ämter und Behörden aber ge-schlechtsabhängig, verstößt also gegen das Antidiskrimi-nierungsgesetz.

Die mildeste Antwort dazu war noch „die neue gesetzli-che Lage ist in den Köpfen der Menschen noch nicht an-gekommen".

Dabei spielt es überhaupt keine Rolle, ob bei der Mutter alles in Ordnung ist.

Gesetzliche Vorschriften und Behördenverhalten passen überhaupt nicht zu dem Zustand einer Wechselbetreuung, in der beide Elternteile gleiches Sorge- und Aufenthalts-bestimmungsrecht haben und das Kind sich bei beiden gleich viel aufhält.

Es ist zum Beispiel nicht möglich, für das Kind zwei Ausweise, zwei Gesundheitskarten oder was auch immer auszustellen. So kann ein Partner diese Dinge bei der Übergabe „vergessen", blockiert damit die Betreuung durch den anderen zum Nachteil des Kindes.

So ist es auch nicht möglich, das Kind bei zwei Einwohnermeldeämtern anzumelden, wenn die wechselnd betreuenden Elternteile in zwei Orten wohnen. Eine Einigung auf einen Ort ist eigentlich in dem Fall sinnlos und bei fehlendem Einvernehmen auch kaum zu erwarten, aber die Meldung an einem Ort hat Folgen bei vielen nachfolgenden Ämterentscheidungen. Behörden setzen für alle Vorgänge die häufigste („normale") Situation voraus, dass das Kind überwiegend bei einem Elternteil lebt und dort auch gemeldet ist.

Es ist auch nicht möglich, das Kind für einen wöchentlichen oder freien Wechsel bei zwei Kindergärten zu melden.

Es wird von Familiengerichten willkürlich entschieden, ab welcher Entfernung der beiden Wohnorte eine Wechselbetreuung nicht zumutbar ist. Die Meinung der Elternteile wird nicht berücksichtigt.

Es wird bei der Frage des Kindeswohls nicht betrachtet, ob die Mutter häufig umzieht, sich also kein Umgebungsbezug für das Kind aufbauen kann. Ein dagegen fester Wohnsitz des Vaters (durch Eigentum) wird nicht als Vorteil für das Kind gewertet. Kommentar Jugendamt: „auch intakte Familien ziehen um, auch über größere Entfernungen". Es macht aber wohl doch einen Unterschied, ob eine intakte Familie komplett umzieht, oder die Eltern getrennt wohnen, aber gemeinsam betreuen.

Aber dieser Unterschied wird bei der Bewertung der Umgebungen bei Vater und Mutter nicht gemacht. Besser gesagt, es findet auch überhaupt keine solche Bewertung statt. Es fragt sich wirklich, wie man das Wohl des Kindes bewerten will ohne seine Umgebung zu bewerten.

Häufig wechselnde Partner der Mutter werden als Bemühen um eine Patchwork - Familie zum Wohl des Kindes gewertet. Eine neue Partnerin des Vaters wird als Beschädigung des sozialen Umfeld des Kindes gewertet und dass ihm eine neue Frau wichtiger ist als das Kind.

Die Zuständigkeiten der Behörden und ihr Verhalten sind völlig ungeklärt. Es gibt keine Instanz, die entscheidet, welches Familiengericht zuständig ist. Das entscheidet das Gericht nach eigenem Gutdünken.

Meldebehörden, Jugendämter, Familienkasse, Versicherungen, Gerichte berufen sich gegenseitig auf die Entscheidung der anderen als Beleg für die Zuständigkeit.

Gelingt es der Mutter ohne Zustimmung des Vaters (was nicht sein dürfte, aber rechtswidrig vollzogen wird), das Kind umzumelden, so wird das als Beweis für den überwiegenden Aufenthalt des Kindes bei ihr gewertet ohne jede Überprüfung.

Die betroffenen Stellen verweigern aber dem Vater, das vollzogene Unrecht rückgängig zu machen.

Sie vollziehen die rechtswidrigen Wünsche der Muter ohne Zustimmung des Vaters, wollen aber die Anträge des Vaters zur Rückkehr in den vorherigen Zustand nur mit Zustimmung der Mutter akzeptieren.

Die Mutter kann auch ohne Kind an der Hand fast alles erreichen gegen das Kind und den Vater. Der Vater kann, auch mit dem Kind an der Hand, nichts von dem wieder rückgängig machen. Die Familienkasse, Jugendamt und Gerichte beziehen sich auf die Meldebehörde, die bezieht sich auf die Familienkasse, die bezieht sich auf die Meldebehörde usw.

Die Entscheidungen, das Verhalten aller Beteiligten werden also von der Befangenheit und fehlerhaften Entscheidungen von einzelnen Beteiligten gesteuert.

Das Grundsatzurteil, dass der Wohnsitz des Kindes bei gemeinsamem Aufenthaltsbestimmungsrecht für 6 Monate nach der Trennung der ehemalige gemeinsame Wohnsitz bleibt, bevor darüber entschieden wird, wird nicht beachtet, auch nicht von den Familiengerichten, jedenfalls dann nicht, wenn die Mutter mit dem Kind wegzieht.

Was machen ein Kinderpsychologe oder Sozialpädagoge und auch ein Familienrichter aus der Titel-Situation „Nein nicht zu Mama"?

Deren Interpretation ist:

Der Vater redet offensichtlich vor dem Kind schlecht über die Mutter, macht dem Kind Angst vor der Mutter, verletzt damit das BGB, schädigt die Psyche des Kindes, also bekommt die Mutter das Sorgerecht, mindestens das Aufenthaltsbestimmungsrecht.

Im umgekehrten Fall würde unterstellt, dass der Vater das Kind misshandelt, es deshalb nicht zu ihm will, also bekommt die Mutter das Aufenthaltsbestimmungsrecht.

Ohne Rücksicht auf das Wohl des Kindes wird immer gegen den Vater entschieden.

Es wird kein Versuch unternommen, die Wahrheit zu erforschen, es wird immer nach subjektiven Kriterien entschieden gemäß der Voreingenommenheit der Beteiligten.

Es wird nicht angenommen, dass das Kind eine eigene Meinung hat, haben Kinder in dem Alter angeblich nicht! Sie sind immer indoktriniert, können noch nicht selbstständig denken und entscheiden!

So ein Unsinn. Wenn dem so wäre, gäbe es ja kein bockiges Alter, würden die Kinder ja alles tun, was man sagt. Hat das schon mal jemand erlebt? Kinderpsychologen und Sozialpädagogen glauben das, glauben was sie sagen, selbst im Anblick des Gegenteils.

Natürlich vermischen Kleinkinder Wahrheit, Dichtung, Träume und Indoktrination, sie sind sozusagen der Extremfall falscher Zeugenaussagen. Der Wille und die Befindlichkeit des Kindes können nur durch langes Beobachten indirekt erschlossen werden.

Wenn eine Befragung des Kindes in dem Alter nicht möglich ist, sollten trotzdem doch wohl beide Seiten angehört werden. Aber der Verfahrensbeistand des Kindes spricht nur in der Obhut der Mutter mit dem Kind, dem Vater werden nur unterstellende Fragen gestellt ohne Anwesenheit des Kindes, die Antworten abgewürgt. So sieht Gleichbehandlung und das Bemühen um das Wohl des Kindes aus.

Wenn man das Befragen ganz lassen würde, wäre es ja in Ordnung. Dem ist aber nicht so.

Aussagen eines Kleinkindes werden sehr wohl gegen den Vater und zugunsten der Mutter verwendet, aber niemals umgekehrt.

Es wird dem Vater immer Schlechtes (keine Rücksicht auf das Kind), der Mutter immer Gutes (Rücksicht auf das Kind) unterstellt.

Alleinerziehende Mütter werden sich kaum dagegen wehren, denn meistens ist es ja zu ihrem „Vorteil", sie bekommen Sorgerecht und Unterhalt.

Aber Väter werden sich immer wieder aus Sorge um ihre Kinder dagegen auflehnen, darum kämpfen, dass die Gesetze zum Wohle des Kindes auch für sie angewendet werden.

Es ist erschreckend, dass Psychologen und Richter nicht einmal dann die Umstände berücksichtigen, wenn der Streit um die Erziehung des Kindes der Grund für die Trennung der Eltern ist. Gerade dann müsste doch darüber befunden werden, wo das Kind die bessere Umgebung vorfindet. Es ist doch verheerend, wenn die erziehungsunfähige Mutter mit dem Kind auszieht, das Kind vom Vater mit seinen guten, mildernden Einflüssen trennt und so die unzumutbare Situation für das Kind festschreibt, und der Vater keine Chance hat, sein Kind von der Mutter zu trennen.

Diese Möglichkeit wird eingeschränkt auf die Fälle von Gefahr von Missbrauch, Gefahr für Leben und Vermögen.

Im hier behandelten Fall war der Zustand für die Betreuung des Kindes bis zur Trennung theoretisch halbe/halbe, praktisch mehr durch den Vater und viel auch durch die Großeltern.

Durch das Wechselmodell erhöht sich dann die Betreuung durch die Mutter massiv von einem Sechstel auf die Hälfte, verdreifacht also ihr Beisammensein mit dem Kind zum Nachteil des Kindes. Der Vater muss seine Hälfte mit den Großeltern teilen. Da der Großvater eine wichtige Bezugsperson für das Kind war und ist, wird also das Wohl des Kindes missachtet.

Sinnvoll für das Kind wäre es gewesen, den Einfluss der Mutter eher zu verringern, den der Großeltern zu erhalten, bestenfalls der Kompromiss je ein Drittel.

Der Einfluss der Mutter ist also gegen das Wohl des Kindes wesentlich erhöht worden, das Kind wird seinen Großeltern und/oder seinem Vater im Vergleich zu vorher entzogen.

Richter und Anwälte empfinden das allerdings als sensationell entgegenkommend, denn „üblich" wäre 12 Tage Mutter und 2 Tage Vater, die Großeltern spielen keine Rolle.

Wieso üblich?

Bei welchen Rahmenbedingungen?

In vergleichbaren Fällen und Situationen?

Und warum mehr Aufenthalt bei der Mutter, wie kann das begründet werden?

Es wird nicht begründet, es wird einfach so verfahren.

Der Verfahrensbeistand berücksichtigt nur die Sicht der Mutter.

Da also die besonderen Umstände des Falles, hälftige Betreuung und hälftige Erwerbsarbeit und ein Drittel der Betreuung durch die Großeltern väterlicherseits auch noch nach der Trennung und die besondere Rolle des Vaters bei der Betreuung in den ersten beiden Lebensjahren, überhaupt nicht betrachtet werden, erscheint diese Vorgehensweise ein Verstoß nicht nur gegen das BGB, sondern auch gegen das Antidiskriminierungsgesetz zu sein.

Dieser Anwältin sollte schnellstens die Verfahrensbeistandschaft im vorliegenden Fall entzogen werden und auch keine mehr für andere Kinder übertragen werden, da sie ganz offensichtlich das Wohl des betroffenen Kindes überhaupt nicht betrachtet, sondern sich einseitig für den Standpunkt der Mutter entscheidet und nur diesen vertritt in der stillschweigenden falschen Annahme, dass die Bindung des Kindes zur Mutter von Natur aus tiefer ist als zum Vater und daher der Aufenthalt bei der Mutter zum Wohle des Kindes ist, was im vorliegenden Fall eben nicht zutrifft.

Die von ihr gemachten Unterstellungen missachten die Gegebenheiten und das Verhalten der Mutter vor und nach der Trennung, wie die unrechtmäßige Mitnahme des Kindes beim Auszug, die Verweigerung des gemeinsamen Aufenthaltsbestimmungsrechts, die unrechtmäßige Ummeldung des Kindes, den Versuch den Urlaub des Kindes mit seinem Vater zu verhindern und die mangelnde Bindung zwischen Mutter und Kind bereits vor der Trennung.

Die Aussage des Verfahrensbeistands, dass in dem Alter des Kindes davon auszugehen ist, dass eine enge Mutter-Kind-Beziehung besteht, ist in diesem Fall eine unbegründete Annahme, die die besondere Beziehungssituation des Kindes zu seinem Vater und seinen Großeltern und die schwache Bindung zu seiner Mutter überhaupt nicht betrachtet.

Die gemachte Unterstellung würde ja bedeuten, dass in dem Alter ein richterlicher Beschluss in keinem Fall notwendig wäre, weil alle Fälle gleich sind.

Außenstehende (Nachbarn des Vaters oder der Großeltern, Freunde und Verwandte) hatten immer überwiegend den Eindruck, dass das Kind seiner Mutter gleichgültig war.

Eine besonders innige Beziehung oder Bindung zwischen dem Kind und seiner Mutter ist nicht zu beobachten.

Das Kind hat eher eine ablehnende Haltung gegenüber seiner Mutter gezeigt.

Der Verfahrensbeistand behauptet, der Kindesvater hätte bislang kein schlüssiges und kindeswohlförderliches Erziehungs- und Betreuungskonzept vorgelegt.

Diese Aussage war falsch.

Der Kindesvater hat immer wieder seit der Trennung Vorschläge, auch anwaltlich unterstützt und belegbar, gemacht, wie der Aufenthalt des Kindes bei Mutter und Vater gestaltet werden kann, und hat schlüssig erläutert, warum der Wohnort des Vaters der Lebensmittelpunkt für das Kind war und auch nach der Trennung ist.

Durch die im Eigentum des Vaters befindliche Wohnung, die seit 6 Jahren von ihm bewohnt wird, mit angegliedertem Firmenbüro, bestand und besteht in der vorher gemeinsamen Wohnung ein konstantes Umfeld für das Kind mit vielen langfristigen und gewachsenen und gewohnten sozialen Kontakten, Verwandtschaft und die Anwesenheit mehrerer Bezugspersonen, die sich gegenseitig vertreten

können, insbesondere den in der Nähe wohnenden Großeltern.

Mit dem Auszug und mehrfachen Umzug hat die Kindes-
mutter das Kind ohne Notwendigkeit aus dieser Umgebung gerissen und zunächst keine neue und konstante und
für das Kind gleichwertige gewohnte Umgebung aufge-
baut. Das Kind liebt die bisher gewohnte alte Umgebung
und vermisst keine zunächst auch nicht vorhandene neue
Umgebung.

Auch fehlt eine schlüssige Begründung, warum die Kin-
desmutter ohne Rücksicht auf sein Wohl das Kind mit
dem Auszug aus seiner sozialen Umgebung herausgeris-
sen hat.

Der Verfahrensbeistand empfiehlt dringend, das Kind
vorerst den Aufenthalt bei der Mutter nehmen zu lassen
und behauptet, es hat die Trennung der Eltern vor Monaten bereits erfahren und sich bei seiner Mutter neu struk-
turiert.

Richtig ist dagegen, dass das Kind den Aufenthalt bei seinem Vater und den Großeltern als den normalen Zustand
empfindet, es fühlt sich da uneingeschränkt wohl. Hier
war keine Neustrukturierung notwendig, sondern das
normale Leben lief weiter. Von einer Neustrukturierung
seines Lebens bei der Mutter ist zunächst einmal festzu-
stellen, dass sie überhaupt erst hergestellt werden musste,
zunächst wegen mehrfachen Umzugs ohne festen Wohnsitz nicht möglich war und dann in einer kleinen Wohnung mit bisher verhältnismäßig wenig Aufenthalt des
Kindes dort nur schwer erfolgen kann. Das gilt insbesondere, weil das Kind offensichtlich seinen Lebensmittelpunkt beim Vater empfindet und sich eher gar nicht auf

eine Neustrukturierung am Wohnsitz seiner Mutter ein-lässt, weil aus seiner Sicht offenkundig unnötig.

Der Aufenthalt bei der Mutter stellt für das Kind jeweils ein Verlassen seines Lebensmittelpunktes dar, eine jeweilige Veränderung, die es nicht wünscht oder braucht. Mit dem Wechselmodell wird ein von ihm nicht gewünschter Aufenthalt in einer bisher ungewohnten und fremden Umgebung erzwungen, die er bisher als Umgebung für kurze Besuche empfunden hat.

Dem Vater wird vorgeworfen, dass er nicht sofort nach der Trennung einen Antrag zum Aufenthaltsbestimmungsrecht gestellt, sondern vollendete Tatsachen akzeptiert hat, er also anscheinend nicht sonderlich interessiert an dem Kind sei.

Der Vater hält vergeblich dagegen, dass er zunächst keine gerichtliche Klärung, sondern im Sinne des BGB versuchen wollte, alles einvernehmlich zu regeln.

Umgekehrt werden ihm seine späteren gerichtlichen Anträge, sein Aufenthaltsbestimmungsrecht wahrnehmen zu können als Verhinderung einer einvernehmlichen Einigung mit der Mutter angelastet.

Für die Mutter wird im umgekehrten Fall angenommen, sie habe die gerichtliche Klärung aus Liebe zu und Sorge um das Kind gesucht. Ihre abweisende Haltung gegenüber dem Vater wird als lobenswerter aber wohl vergeblicher Versuch gewertet, Einvernehmen mit dem Vater herzustellen, der dazu nicht bereit gewesen sei.

Das Einwohnermeldeamt behauptet zu seiner eigenen Verteidigung, dass ein Elternteil für die Ummeldung reicht, wenn das Kind dabei ist, denn dann lebt es ja wohl bei diesem Ehepartner! Die haben anscheinend noch nie etwas von einem Wechselmodell gehört. Es wäre ihre Pflicht, das zu überprüfen, mindestens eine Aussage des anderen Elternteils zu erhalten.

Mit Sicherheit hätten sie im umgekehrten Fall das Einverständnis der Mutter verlangt, selbst wenn der Vater das Kind dabei gehabt hätte.

Eigentlich ist das Einverständnis notwendig, es darf nicht stillschweigend angenommen werden. Aber wenn der Vorgang vollzogen ist, kann das vom anderen Elternteil offenbar nicht rückgängig gemacht werden. Es bleiben Zweifel, ob man der Mutter im umgekehrten Fall nicht doch dazu verholfen hätte. Alle Behörden haben Ermessensspielräume, die entsprechend den Vorurteilen der beteiligten Personen ausgestaltet werden.

Der Vater wird letztlich vertröstet mit der Zusage, es würde ein Erstwohnsitz und ein Zweitwohnsitz eingetragen. Das wurde allerdings nie vollzogen.

Kreisschluss der Behörde: das Kindergeld geht immer dorthin, wo das Kind gemeldet ist und das Kind hat dort seinen Erstwohnsitz wohin das Kindergeld ausgezahlt wird. Weil also das Konto der Mutter bei der Familienkasse eingetragen war, ist ihr Wohnsitz der Wohnsitz des Kindes? Solche Zufälle sollen ohne Rücksicht auf den sachlichen Zusammenhang über die Zukunft des Kindes entscheiden?

Dem Vater wird unterstellt, dass er sich nur um die Betreuung des Kindes bemüht, weil er keinen Unterhalt zahlen will, das Kind sei ihm doch egal.

Aber niemand unterstellt der Mutter, das das Kind nur Mittel zum Zweck ist, Unterhalt zu bekommen, sie sich für das Kind aber gar nicht interessiert.

Dass der Vater wichtigste Bezugsperson ist, das Kind wollte und will, die Mutter aber das Kind nie wollte und sich nicht dafür interessiert, wird überhaupt nicht in Betracht gezogen. Alle Hinweise werden in Argumente für die Mutter und gegen den Vater abgewandelt, das Wohl und die Bedürfnisse des Kindes werden nicht betrachtet.

Selbst wenn im vorliegenden Fall am Ende tatsächlich zum Wohl des Kindes dem Vater das Aufenthaltsbestimmungsrecht übertragen würde, ist der durch die psychische Dauerbelastung inzwischen angerichtete seelische Schaden beim Kind nicht wieder gut zu machen. Das ganze Verfahren hat sich bisher anderthalb Jahre hingezogen, das ist eine Ewigkeit in der Entwicklung eines dreijährigen Kindes, das ist nicht umkehrbar. Man stelle sich vor, eine das Leben schwerwiegend beeinflussende gerichtliche Entscheidung würde sich für einen 30jährigen 15 – 20 Jahre hinziehen. Der hat zumindest Lebenserfahrung und ist möglicherweise stabil und kann das Ganze von außen betrachten, nach Alternativen suchen. Das kann ein Kleinkind nicht.

Trotzdem ist es besser, dass ein für Wohl und Entwicklung des Kindes besser geeigneter Elternteil um das Kind kämpft, damit das weitere Aufwachsen gedeihlich verlaufen kann. Leider wird gerade den Vätern immer wieder vorgeworfen, sie würden das Kind durch den ständigen Wechsel und eine nicht vollzogene Entscheidung schaden, sie sollten doch einfach nachgeben, das Kind der Mutter überlassen und gut.

Warum verlangt man eine solche Haltung nicht von den Müttern?

Immerhin hat die Gesetzesänderung vor ein paar Jahren dazu geführt, dass in Fällen wie dem hier geschilderten die Entscheidung in der Schwebe gehalten wird. Kind und Vater behalten eine Chance. Früher wurde sehr schnell der Mutter das Aufenthaltsbestimmungsrecht zugeordnet ohne Ansehen des Einzelfalles. Solche Entscheidungen vermeiden Gerichte inzwischen, eben weil das Gesetz auch Einvernehmen der Elternteile verlangt. Aber nach wie vor tun sich Gerichte sehr schwer, wenn sie denn wegen mangelndem Einvernehmen der Elternteile ersatzweise entscheiden müssen, das Aufenthaltsbestimmungsrecht oder gar das gesamte Sorgerecht dem Vater statt der Mutter zuzuweisen. Wenn sich eine Entscheidung gar nicht vermeiden lässt, dann entscheiden Gerichte auf Vorschlag des im allgemeinen Mutter affinen Verfahrensbeistands fast immer zu Gunsten der Mutter ohne Rücksicht auf das Wohl des Kindes.

Kinder wachsen so schnell heran, auf der jeweiligen Entwicklungsstufe sind sie nie wieder. Man darf und kann deshalb nicht mit ihnen probieren, ob etwas gut oder schlecht für sie ist. Eine Entscheidung muss sofort richtig sein, denn sie wirkt sich langfristig unumkehrbar aus.

Fehlentscheidungen, bei welchem Elternteil sich Kinder aufhalten und aufwachsen sollen, sind daher nie wieder gutzumachen.

Man kann nicht einerseits politisch ständig fordern, wie wichtig frühkindliche Förderung ist und wie wichtig daher für bildungsferne Familien der Kindergarten ist, und andererseits bei Trennungen und Scheidungen das Kind aber dem bildungsfernen Partner überlassen.

Mit dem Urteil des EuGH, dass unverheiratete Väter das Sorgerecht für ihre Kinder auch ohne Zustimmung der Mutter einfordern können und bekommen, müsste dann ja wohl auch verbunden sein, das gleiches in Zukunft mindestens auch für verheiratete, getrennt lebende oder geschiedene Väter gelten sollte. Dann wäre der vom Gesetz gewollte Zustand endlich erreicht. Aber dazu muss wohl noch sehr viel Umdenken bei den beteiligten Personen, Institutionen und in der Gesellschaft stattfinden.

Leider erweisen sich Jugendämter häufig als zahnlose Plauderstuben, wenn es nicht unmittelbar um Gefahr für Leib und Leben geht.

Diese Einrichtungen sind vorbelastet mit der althergebrachten Einstellung ihrer Mitarbeiter, dass die Mutter die wichtigste Bezugsperson des Kindes ist. Gleichberechtigung des Vaters und Rücksicht auf das Wohl des Kindes, wie es das Gesetz verlangt sind in den Köpfen noch nicht angekommen.

Das Gesetz schreibt ausdrücklich vor, das Wohl des Kindes zu suchen, also etwas Positives zu fördern. Die Jugendämter sind aber wie früher nur darauf eingestellt, Gefahr für das Kind abzuwenden, also etwas Negatives zu unterbinden. Das ist aber nicht das Gleiche. Das Gesetz will und beschreibt viel mehr.

Die Jugendämter müssen dringend ihr Selbstverständnis und ihre Methoden überprüfen und ihre Mitarbeiter entsprechend schulen.

Die ersten Grundsatzurteile machen Hoffnung, dass sich zugunsten der Väter und der Kinder der Wille des Gesetzgebers doch langsam durchsetzen wird.

Dieses Buch leistet vielleicht einen Beitrag dazu.

Den Jugendämtern sollte bei Eintreten einer Katastrophe ihre Standardaussage „es gab keine Anzeichen" nicht abgenommen werden, weil es eine Lüge ist, denn sie wollen Anzeichen gar nicht sehen, nehmen Hinweise nicht an.

Es gibt keine Rechtsmittel gegen voreingenommene Jugendamt - Mitarbeiter, Verfahrensbeistände und Familienrichter. Wenn Jugendamt und Verfahrensbeistand wider besseres Wissen eine Empfehlung aussprechen, der Familienrichter dies wider besseren Wissens unkritisch übernimmt und über das Aufenthaltsbestimmungsrecht gegen den Wunsch des Kindes und gegen das Wohl des Kindes und ohne Berücksichtigung der wahren Gegebenheiten entscheidet, dann ist das eigentlich gemeinschaftliche Beihilfe zur Körperverletzung in Form seelischer Grausamkeit gegenüber dem Kind.

Dabei wird die eigentliche Entscheidung offensichtlich nicht vom unabhängigen Richter sondern vom Verfahrensbeistand gefällt. Eigentlich soll der doch nur seine Meinung zum Wohl des Kindes zusätzlich zu den Anwälten der Eltern einbringen, aber nicht wie der Anwalt eines Elternteils auftreten und argumentieren.

Beim Richter könnte man zusätzlich noch von Rechtsbeugung sprechen, weil gegen die Regeln des BGB und des Antidiskriminierungsgesetzes entschieden wird, und von Befangenheit wegen Parteilichkeit.

Aber es gibt wie gesagt keine Rechtsmittel. Es interessiert niemanden, was dem Kind angetan wird.

Obwohl das Kind in unserem Fall eine nachweislich engere Beziehung und Bindung zum Vater und zusätzlich

Angst vor der Mutter hat, wurde das Wechselmodell auf Antrag der Mutter beendet, bei dem für das Kind wenigstens in gleichem Umfang das Leben bei beiden Elternteilen möglich war.

Obwohl der §1685 BGB ausdrücklich zum Wohl des Kindes den Umgang mit den Großeltern verlangt, wenn der Kontakt so eng und häufig war wie in diesem Fall, hat das Gericht diesen Gesichtspunkt gleich beiseite geschoben und in der Umgangsregelung gar nicht berücksichtigt.

Jugendamt, Verfahrensbeistand und Richterin haben behauptet, dass sich das Kind bei beiden gleich wohl fühlt.

Da es also keinen Unterschied gibt, sollte das Kind seinen überwiegenden Aufenthalt bei der Mutter nehmen.

Wenn es keinen Unterschied gibt, warum dann nicht beim Vater? Es gibt keine Begründung.

Weiter wurde behauptet, dass das Wechselmodell schlecht für das Kind sei, weil es bei der Übergabe an die Mutter weint, schreit und sich wehrt.

Damit das aufhört, müsse es zur Mutter, weil es dann die für das Kind belastenden Übergaben an die Mutter nicht mehr gäbe! Eine abstruse Logik.

Alle behaupten „ein Kind ist bei der Mutter am besten aufgehoben", ohne es zu begründen.

Alle behaupten, die Vorteile beim Vater seien ebenso bei der Mutter erfüllt oder besser

und Nachteile bei der Mutter seien noch stärker beim Vater vorhanden.

Der Verfahrensbeistand bezeichnet von der Mutter ausgeteilte Schläge als unterschiedlichen Erziehungsstil und verharmlost das als seltene Klapse.

Die Mutter hat den ausdrücklichen Freibrief des Gerichts, dass sie „Klapse" anwenden darf, wenn sie sich anders nicht mehr zu helfen weiß. Das ist unglaublich, eine Aufforderung zur Rechtswidrigkeit durch das Gericht.

Alle behaupten, es könne nicht sein, dass das Wohl des Kindes beim Vater besser gewährt ist als bei der Mutter und bei der Mutter schlechter gewährt ist als beim Vater.

Selbst wenn der Aufenthalt bei Mutter oder Vater gleich gut für das Wohl des Kindes ist, was im zitierten Fall nicht so ist, sondern einfach postuliert wird, dann wird der Aufenthalt des Kindes bei der Mutter festgelegt. Warum?

Wenn es wirklich bei beiden gleich ist, dann könnte das Kind ja auch zum Vater, insbesondere wenn das die gewohnte bisherige Umgebung ist.

Also ziehen die Beteiligten wohl ungenannte Gründe (versteckte Vorurteile) heran, die nicht genannt werden, weil sie dann womöglich widerlegt werden könnten.

Eigentlich kann bei gleicher Eignung der Elternteile nur ein Wechselmodell herauskommen. Und dafür gibt es immer eine realisierbare Umsetzungsmöglichkeit zum Wohl des Kindes.

Es ist nicht wahr, dass das dem Kind nicht gut tut oder nicht organisierbar ist.

Und wenn die Mutter damit Probleme hätte, wird es verschwiegen, denn das wäre ja ein Grund, das Kind seinen Aufenthalt beim Vater nehmen zu lassen.

Und es kann nicht sein, was nicht sein darf, also…

Grundsatzurteile zum Aufenthaltsort des Kindes und zur Zuständigkeit der Institutionen werden nicht beachtet.

Das alles wird am grünen Tisch oder im Schriftwechsel behandelt ohne jede Anschauung der Gegebenheiten.

Empfehlungen und Entscheidungen stehen von vornherein fest, alle Tatsachen werden zurechtgebogen oder fallen unter den Tisch.

Die Richterin behandelt keine der Einzelheiten der Vorwürfe und Entgegnungen („Schlammschlacht"), eine Bewertung der Glaubwürdigkeit von Mutter, Vater und Verfahrensbeistand findet nicht statt.

Da die Richterin alle einzelnen gegenseitigen Vorwürfe und Erwiderungen vom Tisch gewischt hat, weil man die Vergangenheit ruhen lassen sollte und in die Zukunft schauen, hat sie die Chance vergeben, sich wirklich ein Bild von der Erziehungsfähigkeit der beiden Elternteile zu machen.

Zusätzlich kamen weitere Gefährdungspotentiale für das Kind bei der Mutter nicht zur Sprache, weil die Richterin entsprechende Hinweise des Vaters gleich im Ansatz unterdrückt hat.

Die Richterin hat sich einen Vergleich der Umgebungen beim Vater und bei der Mutter verbeten oder unterbunden. Es wurde nicht die bessere Situation für das Kind gesucht, sondern jede mögliche Gefährdung bei der Mutter ohne weitere Erörterung ausgeschlossen.

Jugendamt, Verfahrensbeistand und Richterin haben die familiären Hintergründe auf beiden Seiten überhaupt nicht betrachtet. Sie haben nicht bewertet, dass es auf der einen Seite nur die Mutter gab, auf der anderen Seite aber die Familie mit Großeltern, Tante, Onkel, Cousinen. Das Kind wird also nicht nur aus der gewohnten Umgebung geholt, sondern auch von seinem familiären Umfeld getrennt.

Das Bildungsniveau und damit die Förderung des Kindes auf der einen Seite, die Gefahr der Verarmung und damit der Kinderarmut, die vorhandenen Kontakte zu Drogenkonsumenten auf der anderen Seite wurden nicht gewertet.

Es ist den Beteiligten egal, ob das Kind durch ihre Entscheidung traumatisiert wird, das Glück, die Entwicklung, das ganze Leben des Kindes zerstört werden.

Sie lassen das nicht nur sehenden Auges zu, sondern sie betreiben es aktiv.

Das alles offenbar nur, um dem Glauben „das Kind ist bei der Mutter am besten aufgehoben" genüge zu tun.

Das Wohl des Kindes spielt dabei keine Rolle.

In diesem Fall ist die Entscheidung, den Aufenthalt des Kindes der Mutter zuzusprechen, nicht nur unbegründet sondern gleichzeitig insofern tragisch, weil das Kind bildungsfern und mittelfristig in Armut leben wird. Wie verträgt sich ein solches Verhalten mit der aktuellen politischen Diskussion? Warum sind das nur Themen, wenn es auf beide Elternteile zutrifft, aber kein Entscheidungskriterium bei Trennung, wenn es auf nur einen Elternteil zutrifft. Damit soll nicht gesagt sein, dass das Kind grundsätzlich dem gebildeten oder wohlhabenden Elternteil zugesprochen werden soll, aber es sollten schon gewichtige

Kriterien sein, wenn sie auf den vom Kind bevorzugten Elternteil zutreffen, was eben nicht immer die Mutter ist.

Gegen Vernunft und Logik rechtswidrig vollzogene Handlungen und Beschlüsse werden zur Grundlage für weitere Entscheidungen. Das ganze wird zum unaufhaltsamen Selbstläufer, nicht nur die Vernunft, sondern insbesondere das Wohl des Kindes bleiben auf der Strecke. Einmal angestoßen wird es zum alternativlosen, unumkehrbaren Prozess.

Es wird billigend in Kauf genommen, wenn das Kind durch den überwiegenden Aufenthalt bei der Mutter sich verschüchtert und traumatisiert einkapselt, seine Entwicklung massiv gehemmt wird.

Sollte das Kind in seiner aussichtslosen Lage Nahrung und Trinken verweigern, beißen und schlagen, dann wird die Mutter das Kind noch mehr wegsperren, es soll ja nicht auffallen. Wenn es im Kindergarten auffällt, wird sie es krank melden.

In einer solchen Situation können 14 oder mehr Tage Aufenthalt bei der Mutter lebensgefährlich werden.

Nahrungsmangel kann nicht nur die gesamte körperliche Entwicklung, sondern insbesondere unzureichende Versorgung mit Glukose kann die Gehirnentwicklung stark beeinträchtigen.

Beim Wechselmodell wird das Kind auch übergeben, wenn es krank ist. Hat es aber Aufenthalt nur bei einem Elternteil, kann der jeweils kurze Umgang mit dem anderen Elternteil bei Krankheit verweigert werden.

Und die Mutter wird auch bei dramatischen Zuständen keine Hilfe holen, denn es darf niemand erfahren, dass der Gerichtsbeschluss falsch war.

Und wenn etwas Furchtbares passiert, werden sich wieder alle einig sein mit „es gab keine Anzeichen".

Man wollte sie nicht sehen, weil man höhere Ziele als das Wohl des Kindes verfolgen zu müssen glaubte.

Die sehen können, müssen hilflos mit ansehen, wie mindestens die Seele eines Kindes zerstört wird, auch wenn es nicht zum Schlimmsten kommt.

Die etwas dagegen tun könnten, unternehmen nichts, sondern unterstützen noch aktiv den zerstörerischen Lebensweg des Kindes.

Auch Vereine wie der Deutsche Kinderschutzbund oder das Kinderschutzzentrum vertreten den Standpunkt „bei der Mutter ist das Kind am besten aufgehoben", ohne zum Wohl des Kindes zu beobachten, Beweise aufzunehmen oder zu bewerten.

Und irgendwann wird das Kind seinen über alles geliebten Elternteil möglicherweise zu hassen beginnen, weil er es nicht aus seiner Lage befreit, aus Sicht des Kindes nichts unternimmt, aus Sicht des Kindes also Schuld an der Lage des Kindes ist.

Was ja zu beweisen war!

Dann endgültig ist das Ziel der wirklich Schuldigen erreicht.

Alle diese Beteiligten sind ganz persönlich Schuld an der Entwicklung, man sollte sie zur Rechenschaft ziehen und sie nie wieder an ähnlichen Entscheidungen beteiligen.

Wenn den bisher betroffenen Kindern nicht mehr geholfen werden kann, so könnten wenigstens weitere unheilvolle Entscheidungen verhindert werden.

Denn jeder der Beteiligten hätte alle Beobachtungen nutzen müssen, um die Richterin von einem solchen Beschluss abzuhalten und diese hätte unbefangen und unparteiisch nach Tatsachen entscheiden müssen. Wenn sie das nicht tun oder sogar verweigern, die dramatische Entwicklung billigend in Kauf nehmen, dann tragen sie die volle Schuld am Ergebnis.

Aber für ein Vorgehen gegen diese Personen gibt es keine Rechtsmittel.

Wie wird es weitergehen?

Was wird mit Kindergarten und Schule?

Wird das Kind weiter mit langen Aufenthalten bei der Mutter gequält?

Wird es frühestens mit 6 Jahren dazu befragt?

Muss das Kind das alles ertragen bis es mit 14 Jahren allein darüber entscheiden darf, bei welchem Elternteil es leben will?

Wer trägt die Verantwortung dafür, dass das Kind immer wieder in bildungsferner Umgebung mit körperlicher Züchtigung und möglicherweise in Armut leben muss, obwohl es mit dem Leben beim Vater eine Lösung zum Wohl des Kindes gäbe?

Seit Beginn des Wechselmodells, also 9 Monate bis zum zweiten Gerichtstermin und danach weiter gab es durch die Mutter keine Informationen an den Vater über die medizinische Versorgung des Kindes, es gab keine ärztlichen Rechnungen an den Vater für das bei ihm privat versicherte Kind. Dem Vater ist nichts bekannt über kleinkindliche Vorsorge und Impfungen. Er kann das auch nicht überprüfen, weil ihm die Mutter keinen Namen eines Arztes nennt.

Diese Frage hat niemanden beim Gerichtsbeschluss interessiert, es ist eben eine der Fragen, über die sich die Eltern gefälligst einvernehmlich einigen müssen. Es gibt aber von keiner Seite eine Unterstützung gegen die Verweigerung der Mutter auf Einigung. Es scheint sogar so, dass ihre Verweigerung eher das Zusprechen des Kindes zu ihr verstärkt, denn dann ist ja keine Einigung mit dem Vater notwendig. Eine sehr abstruse „Logik", aber es war die Logik der Richterin.

Das Kind muss überwiegend bei der Mutter leben ohne familiären Hintergrund. Wird irgendjemandem auffallen, wenn das Kind wegen Drogenkonsum der Mutter vernachlässigt wird? Wird irgendjemandem auffallen, falls die Mutter krank oder inhaftiert wird, dass es in ihrer Wohnung ein Kind gibt. Prüft die Polizei bei jeder Verhaftung, ob es sich bei den Personen um Alleinerziehende handelt? Würde die Polizei ohne eine solche Information das Jugendamt ansprechen?

Diese Probleme können bei einem vorhandenen familiären Hintergrund wie in diesem Fall beim Vater mit Schwester und Großeltern nicht auftreten. Allein wegen dieser familiären Einbettung des Kindes sollte bei gleicher

Eignung dieser Elternteil für den Aufenthalt bestimmt werden, bei besserer Eignung erst recht.

Darf man die seelischen und geistigen Schäden des Kindes einfach so hinnehmen?

Muss man nicht die Tatenlosigkeit der Jugendämter und des DKSB und die rigorose Gedankenlosigkeit oder gar mutwillige Fehlentscheidung des Familiengerichts öffentlich machen, damit sich die Gesellschaft nicht immer darauf verlässt, dass die schon alles Notwendige unternehmen werden?

Muss nicht alles getan werden, die Macht und Willkür der gutachtenden Psychologen und der Familienrichter zu brechen?

Verhalten Mutter, Vater, Kind

Mutter:

Sie zieht mit dem Kind aus der gewohnten Umgebung weg.
Sie gibt zwei Monate keine Auskunft über ihren Aufenthaltsort.

Sie hat das private und das Firmenkonto geräumt, damit die Rücklage für die fällige Umsatzsteuer aufgelöst, mit dem Argument, das stehe ihr als Geschäftsführergehalt zu.

Sie meldet Moritz unter ihrer Adresse an ohne Information und Zustimmung des Vaters.

Sie meldet bei Ärzten, Versicherungen, Behörden, Auftragnehmern und Auftraggebern die Adresse des Vaters um auf ihre Adresse, so kommt Firmenpost und Post an den Vater an ihre Anschrift. Einen Teil dieser Post gibt sie erst 4 Monate später an den Vater weiter, teilweise geöffnet.

Sie weiß angeblich nicht, wo sich ihr Bruder aufhält, weiß angeblich keine Anschrift, nimmt aber seine Post mit, er bleibt bei der alten Adresse (Vater) angemeldet auch noch ein Jahr nach ihrem Auszug.

Ihre Post kommt teilweise noch lange an die alte Adresse, weil sie sich selbst nicht entsprechend überall umgemeldet hat.

Sie weigert sich lange, die Geschäftsführung aufzugeben, obwohl sie gar nichts mehr für oder in der Firma tat. Dadurch bekommt der Vater als jetzt alleiniger Betreiber der

Firma keinen alleinigen Zugriff auf das Konto, kann es nicht vor ihren Zugriffen schützen.

Sie nutzt die spezielle Verquickung durch die gemeinsame Firma nicht nur schamlos aus, sondern schadet der Firma, damit dem Vater, damit seinen finanziellen Möglichkeiten, für das gemeinsame Kind zu sorgen.

Obwohl die Kinderbetreuung und die Erwerbsarbeit hälftig vereinbart war, verlangt sie jetzt Unterhalt für sich und Moritz. Tatsächlich ist aber Moritz auch nach der Trennung mehr als hälftig beim Vater. Sie hat ihm zwar die ersten 14 Tage zunächst jeden Umgang verweigert (was formal Aufenthalt wäre, denn sie haben gemeinsames Sorgerecht) und Moritz zu den Großeltern gebracht, dann wieder den Großeltern den Umgang verweigert und ihn nur zum Vater gelassen, insgesamt war Moritz aber bis zum Beginn des Wechselmodells drei Wochen mehr beim Vater als bei der Mutter.

Die Mutter lügt, überwiegend durch Weglassen von Wahrheit oder durch Halbwahrheiten. oder die Zuhörer Annahmen machen lassen (Kindergarten, Haustiere, Kinderzimmer, Betreuung, gemeinsame Firma).

Drohungen, Strafen, Einschüchterungen, um ein Kind zum Gehorsam zu konditionieren, sind eher Dressur als Erziehung, ein psychischer Käfig.

Dabei sind Bestechung oder Bestrafung/Drohung keine wirklichen Alternativen, sie erzeugen Druck, behindern das eigene Überlegen und den eigenen Willen.

Die Mutter verhält sich rechtswidrig, wird aber dabei von allen Behörden und Einrichtungen, selbst dem Gericht unterstützt. Ihre Wünsche werden erfüllt und nicht nur nach dem Grundsatz „einmal ist keinmal" bewertet, sondern sie kann es beliebig oft immer wieder machen. Unrecht wird dann eben zu Recht, so wird es sogar formuliert, rechtswidriges Verhalten wird also belohnt.

Die rechtswidrige Anmeldung von Moritz in W. beeinflusst die Entscheidung des Gerichts, ist also trotz wiederholter Betonung der Belanglosigkeit nicht egal.

Zuständigkeiten von Familienkasse, Jugendamt und Gericht werden beeinflusst, alle berufen sich gegenseitig aufeinander zur Feststellung auf den überwiegenden Aufenthalt des Kindes. Ein solches Verhalten der Mutter ist nicht vorgesehen, wird gedanklich abgeschirmt.

Die Mutter und ihr Lebenspartner Karl rauchen viel, auch im Auto und in der Wohnung.

Beim ersten Termin beim Jugendamt-Psychologen zur Paartherapie ist die Mutter frech und schnippisch, so dass selbst der zum Durchatmen raus geht.

Sie wirft dem Vater vor, er sei schon mal eingenickt, wenn er Moritz betreuen sollte, daraufhin erwähnt der Vater ihre Erziehung mit Schlägen. Der Psychologe ist entsetzt „das geht gar nicht".

Sie will daheim bleiben und Moritz betreuen, nicht mehr arbeiten, der Vater soll arbeiten und sie und Moritz versorgen. Alles was Moritz betrifft soll auf sie umgemeldet werden. Sie will das volle Kindergeld und der Vater bekommt Moritz alle 14 Tage für 2 Tage.

Der Vater sei sowieso nur arbeitsfaul, von wegen Firma.

Das ist ja wohl ein Widerspruch zum Zahlungsverlangen. Wenn sie immer die Fleißigere und beruflich Erfolgreichere gewesen ist, dann würde ja eher naheliegen, dass sie die Familie versorgt und der Vater das Kind betreut zum Wohl des Kindes.

Der Psychologe verweist auf die Gesetzesänderung vor drei Jahren, dass den Elternteilen nach der Vollendung des dritten Lebensjahres des Kindes gegenseitig kein Unterhalt zusteht, jeder für sich selbst sorgen muss.

Der Vater hätte sie lächerlich und schlecht gemacht gegenüber Moritz, angeblich schon vor der Trennung (da war er im zweiten Lebensjahr!).

Die Mutter erscheint unangekündigt nicht zum Psychologen-Termin beim Jugendamt.

Der Psychologe erklärt die Gespräche zur gütlichen Einigung für beendet, weil die Mutter eine gerichtliche Entscheidung anstrebt.

Der Jugendamt-Sozialpädagoge sagt den nächsten Termin ab, weil die Mutter nicht teilnehmen will.

Die Mutter steht bei den Übergaben von Moritz an sie wie eine Statue mit Händen in den Hosentaschen da, macht keinen Versuch, Moritz zu „übernehmen", befasst sich mit Haustieren, ihrem Partner, aus dem Fenster schauen, nach Dingen suchen, die sie noch aus der ehemals gemeinsamen Wohnung mitnehmen könnte. Sie macht keinen Versuch sich zu Moritz zu bücken oder ihn auf den Arm zu nehmen.

Die Mutter glänzt durch Lieblosigkeit, ist in der Wohnung mit Sonnenbrille, tröstet Moritz nicht, als er auf der Straße stürzt, sondern herrscht ihn nur an, ohne Mucks aufzustehen.

Bei der Übergabe an die Mutter im Wechselmodell tröstet die Mutter Moritz oft mit „in einer Woche darfst Du wieder zum Papa, das geht ganz schnell".
Gesteht sie damit nicht ein, dass Moritz nicht zu ihr will?
Sie hat keine Argumente, warum er zu ihr kommen soll, sondern nur den Trost der Rückkehr zum Vater.

Die Mutter ruft beim Vater an, sie hätte eine Zusage für einen Kindergarten-Platz in W., sie braucht seine Unterschrift. Er stimmt nicht zu, weil es sich nicht mit dem Wechselmodell verträgt, der Hintergrund in B. sei außerdem besser geeignet.

Im Umgangsmodell sagt sie, als der Vater Moritz bringt und der sich wehrt zu bleiben, „ich weiß, dass Du nicht zu mir willst, aber jetzt komm" in bitterbösem Befehlston.

Die Mutter hatte vor dem zweiten Gerichtstermin argumentiert, sie habe eine Anstellung und könnte wegen dieser Tätigkeit als Arbeitnehmer nicht jede zweite Woche das Kind betreuen, also müsse Moritz bei ihr in den Kindergarten und dazu das Wechselmodell beendet werden.

Beim Gerichtstermin stellt sie völlig anders dar, dass sie sich einen Arbeitsplatz suchen würde, sobald das Kind bei ihr im Kindergarten sei.

Ihre Begründung galt also nicht mehr, es wurde aber trotzdem mit Berufung darauf gemäß ihrem Willen entschieden.

Es kommt ein Brief von der Anwältin der Mutter mit folgenden Aussagen:

Der Vater solle die Mutter nicht schlecht machen bei Auftraggebern, so finde sie keine Arbeit, sie droht mit Unterlassungsklage.

Der Vater ist fassungslos, er hat seine Frau nie und nirgends schlecht gemacht.

Die Jugendamt-Gespräche führten zu nichts, weil der Vater die Angebote der Mutter ablehne, also würde Klage um Aufenthaltsrecht geführt.

Diese Bemerkung heißt wohl, einvernehmlich bedeute, dass der Vater ohne Diskussion die Vorschläge der Mutter übernimmt?!

Es folgt eine Mail von der Mutter an den Vater: er solle doch zum Wohl des Kindes dem Kindergarten in W. zustimmen.

Warum gilt dann nicht auch umgekehrt die Möglichkeit, dass sie einem Kindergartenbesuch in B. zustimmt?

Der Vater hat die Mutter noch einmal darauf hingewiesen, dass ihr Bruder immer noch in B. angemeldet ist und sie ihn bitte anspricht, das zu ändern.

Als der Großvater bei der Abholung mal nicht dabei ist, sondern gemeinsame Bekannte mit Tochter als „Zeugen" anwesend sind, gibt es den normalen Kampf von Moritz „nicht zu Mama", die Mutter und Karl sind bewegungs- und sprachlose Säulen. Die Bekannte und ihre Tochter sagen danach spontan, dass sie die Mutter furchtbar und böse finden.

Nachdem einmal die Mutter die verordnete Gesichtssalbe beim Vater vergessen hatte, meint sie beim nächsten Mal „ich habe halt irgendeine andere Salbe genommen, besser als keine". Der Vater widerspricht heftig, dann die Hautärztin hat ausdrücklich gesagt „keine Salbe ist am besten". Und das zeigt sich auch, denn nach dieser einen Woche ohne eincremen bei ihm ist Moritz Wange einwandfrei, keine Rötung, keine Pickel.

Einmal hat Moritz sein Kuscheltier vergessen (absichtlich?). Der Vater schickt SMS, Karl holt nachmittags das Tier, diskutiert eine Stunde mit dem Vater über Einigung "Kindergarten in W., weil dort die Mutter wohnt", was der Vater nicht akzeptiert.

Karl meint, wenn Moritz so oft vom Opa redet, sei das der Beweis, dass er meistens nicht beim Vater, sondern beim Opa sei.
Der Vater entgegnet: „wenn Moritz nie von der Mama redet ist es also ein Beweis, dass er nie bei der Mama ist?".
Karl gibt auch zu, dass Moritz bei ihnen nicht sauber ist (Stress?).

Die Mutter fragt (ohne Begründung) per SMS an, ob sie Moritz am Sonntag schon um 10 Uhr abholen kann. Der Vater hat schon eine Frühstücksverabredung mit einer Bekannten mit Kind, er will deshalb nicht ohne triftigen Grund zustimmen, möchte abwägen. Die Mutter meldet sich dazu aber nicht wieder.

Sie meldet sich später per Telefon, ob sie Moritz drei Wochen haben könnte statt 14 Tage, weil sie sonst aus dem Tritt kommt mit ihrem Arbeitsvertrag. In der mittleren Woche muss sie dann zwar arbeiten, aber dann sind ihre Eltern da. Denen will der Vater Moritz natürlich nicht vorenthalten.

Die Mutter ruft den Vater an, die drei Wochen bei ihr sollen erst zwei Wochen später beginnen, sie will dann 7 Tage mit Moritz nach Tschechien zu ihren Eltern, anschließend kommen ihre Eltern her.

Einmal reicht Karl bei der Abholung Moritz durchs Badfenster, die Mutter den Koffer hinterher. Es soll spontan wirken, sieht aber wie Absicht aus. Die Mutter macht die Bemerkung „im Koffer ist Firmenpost". Durch diese Aktion hat der Vater keine Chance, die Annahme zu verweigern. Moritz marschiert sofort fröhlich mit seinem Koffer zu Opas Auto.

Der Vater stellt fest, dass die Briefe nicht alle geöffnet sind, an die Geschäftsführung (also die Mutter) gerichtet sind, teilweise über Nachsendeantrag an ihre neue Adresse nachgeschickt wurden, und es alles Rechnungen und Mahnungen aus den Monaten direkt nach der Trennung sind, für die schon in mehreren Fällen der Gerichtsvollzieher beim Vater vorstellig geworden ist. Eine unverschämte Aktion, damals wie heute.

Offenbar hat die Mutter auch bei verschiedenen Firmen und Behörden ihre Anschrift auch als Anschrift des Vaters angegeben, so dass Post an ihn bei ihr einging.

Er hat dort aber nie gewohnt, war dort nie gemeldet. Ein Unding.

Bei der Abholung vor dem 3-Wochen-Aufenthalt bei der Mutter, teilt diese dem Vater mit, dass es in drei Wochen um 15:30 einen Termin beim Kinderschutzbund (!!!) gibt. Sie lässt sich Einzelheiten widerstrebend aus der Nase ziehen: Namen, Anlass, wer hat veranlasst, der Jugendamt-Sozialpädagoge habe es veranlasst und sei dabei.

Der Vater ist verwundert, dass er vom Jugendamt nicht dazu befragt und nicht in die Terminplanung einbezogen wurde.

Er erinnert die Mutter an die Überlassung von Moritz an ihn in 10 Tagen für 2 Tage wegen des durch sie verursachten Termins beim Verfahrensbeistand.

Sie sagt dann noch halbherzig zu, mit Moritz aus Tschechien jeden zweiten Tag anzurufen („wenn ich es nicht vergesse"), eine bevorzugte Tageszeit lehnt sie ab („wenn mir danach ist").

Nach zwei Tagen ruft die Mutter mit Moritz aus Tschechien an. Moritz weint bitterlich im Hintergrund und auch am Hörer „ich will wieder zu Papa". Der Vater tröstet ihn damit, dass es doch bestimmt schön ist bei den anderen Großeltern und er dort vieles machen kann und dass er sowieso arbeiten muss diese Woche. Die Mutter tröstet(!) Moritz damit, dass er schon bald wieder zu Papa darf, wenn sie zurückgefahren sind!!

Im Grunde hat Moritz dort niemanden, der sich wirklich um ihn kümmert, ihn mitnimmt und mitmachen lässt im Alltag, der mit ihm rausgeht. Plötzlich erinnert sich der Vater, dass die vielen tollen Dinge, die Moritz draußen damals gemacht hat, er alle mit ihm gemacht hat. Weder die anderen Großeltern noch die Mutter haben sich um den Kleinen gekümmert, höchstens mal zwei Stunden am Tag. Und diesmal will die Mutter wohl in erster Linie mit Karl Urlaub machen.

Nach weiteren zwei Tagen ruft die Mutter mit Moritz wieder beim Vater an. Wieder weint Moritz am Telefon und im Hintergrund „jetzt wieder zu Papa". Der Vater empfindet Moritz Sprache als wieder rückfällig schlecht.

Die Mutter kündigt an, dass sie morgen wieder zurückfahren (diese weite Reise für 3 Tage??), ihre Eltern fahren auch morgen. Es würde also keine Anrufe mehr geben.

Nach der Rückkehr ruft die Mutter den Vater an, sie besprechen miteinander den Aufenthalt von Moritz für die nächsten drei Wochen. Es macht den Eindruck, dass sie keineswegs Arbeit hat, sie kann den Aufenthaltswechsel beliebig einteilen. Ihr scheint es nur darum zu gehen, formal so viele Tage mit Moritz zu haben wie der Vater. Sie hat offenbar kein Problem, die dritte Woche wieder mit dem Vater zu tauschen, der da einen fünftägigen Arbeitstermin hat.

Die Mutter verbittet sich, nachdem Karl dann bereits drei Monate bei den Übergaben dabei war, die Bezeichnung „Beziehung" mit Karl zu verwenden, sie seien nur befreundet.

Die Mutter spricht immer pauschal von Kinderschutzbund, unterscheidet nicht zwischen DKSB und Kinderschutzzentrum. Zu einer sauberen Information des Vaters wäre aber ein korrekte Bezeichnung schon notwendig.

Die Mutter wechselt ständig die Ansprechpartner:
Jugendamt in B.,
DKSB in B.,
Jugendamt in W.,
Kinderschutzzentrum in W..

Sie bricht jeweils bald die Gespräche ab, wenn es brenzlig für ihren Standpunkt wird und springt zum nächsten Ansprechpartner. Sie hat allerdings vollen Rückhalt bei dem Verfahrensbeistand, der Anwältin des Kindes. Die und die Anwältin der Mutter vertreten ungeprüft die falschen Aussagen der Mutter.

Bei der Abholung durch die Mutter hat sie die SMS des Vaters von vor einer Stunde „braucht Moritz eine Windel?" nicht beantwortet, also keine Windel (denn beim Vater ist er trocken und sauber). Sie meint dann spitz „keine Antwort, also selbstverständlich eine Windel", denn bei ihr ist er eben nicht trocken.

Die Mutter fragt hintergründig, ob der Vater einen bestätigten Kindergarten-Platz hat, sie ist sichtlich angefressen über sein „ja". Die beiden zugesagten Eintrittstermine bei ihr und bei ihm sind nur 14 Tage auseinander und beide erst nach dem Gerichtstermin. Der Kindergarten kann und darf also eigentlich kein Grund für die Entscheidung des Gerichts sein.

Die Mutter drängt den fröhlich „Papa, Papa" rufenden Moritz in ihre Wohnung zurück und schließt die Tür. Begleitet von Karl spricht sie den Vater darauf an, dass Moritz dann demnächst in den Kindergarten bei ihr geht und der Vater gern zur Eingruppierung kommen könne. Damit habe sie ihm das gesagt. Sie nennt allerdings weder Ort (Name des Kindergartens) noch Uhrzeit.

Dann fordert sie, dass sich der Vater an den anfallenden Kosten beteiligt. Der Vater stellt klar, dass sie bisher das Kindergeld allein behält und sich nicht an Moritz Versicherungen beteiligt, er also rückwirkend entsprechende Forderungen seinerseits gegen rechnen kann und außerdem die Gerichts-Entscheidung noch nicht rechtskräftig ist.

Sie winkt seine Äußerungen ab und meint schnippisch „jetzt kenne ich ja Deine Einstellung".

Die Mutter behauptet, Moritz will deshalb immer nur schnell weg von der Mutter, die Übergabe verkürzen, weil die Eltern nur streiten. Erstens tun sie es kaum, aber die Mutter klagt gegenüber Moritz, dass der Papa nur streitet, sie redet also schlecht über den Vater. Trotzdem will er zu ihm.

Warum will Moritz dann bei der Übergabe vom Vater an die Mutter nicht auch ganz schnell weg? Weil der Vater schlecht über die Mutter redet?
Nein, der versucht sogar die Tage bei der Mutter in den schönsten Farben zu malen.

An Moritz drittem Geburtstag fahren Großeltern, Vater und Moritz, Tante, Onkel und Cousinen und mehrere Bekannte des Vaters in einen Indoor-Freizeitpark. Mit drei Stunden Verspätung kommt auch die Mutter mit Karl und einem tschechischen Nachbarsmädchen. Die gehen bereits nach einer Stunde wieder. Die Mutter hat Einschleimen und Aushorchen bei der Großmutter, einer Bekannten und der Schwester des Vaters versucht, die sich darauf aber nicht eingelassen haben.

Während des Aufenthalts bei ihr verweigert die Mutter Telefonate zwischen Moritz und seinem Vater. Sie möchte Moritz nicht aus seiner Welt bei ihr herausreißen.

Die Mutter verweigert den Umgang von Moritz mit seinen Großeltern während des Aufenthalts bei ihr. Das wären zu viele das Kind belastende Wechsel.

Vater:

Unrecht wird zu Recht, dadurch wird rechtswidriges Handeln der Mutter belohnt. Und das wird nicht nur einmal (ist keinmal) akzeptiert, sondern beliebig oft.

Dem Vater würde es nicht verziehen, schon gar nicht, wenn er Gleiches mit Gleichem vergelten wollte. Der einigungswillige und gutmütige Vater ist daher in massivem Nachteil.

Zwar gibt es Grenzen im Verhalten, auch für Kinder, und es gibt sinnvolle, nachvollziehbare Regeln, die man Kind gerecht erklären kann.
Aber das Kind muss in den aufgezeigten Grenzen oder Alternativen einen eigenen Willen behalten, dazulernen können.
Das ist mühsam und anstrengend, gelingt nicht immer, aber das ist Erziehung, das Mitnehmen und Begleiten ins Leben.
So ein braves, folgsames Kind, dabei enorm wissbegierig und aufgeweckt wie Moritz, ins Leben zu begleiten ist eine Freude ohne Ende.
Drohungen, Strafen oder gar Schläge sind für den Vater unvorstellbar, völlig unangebracht.
Der Vater wirft dem Jugendamt-Psychologen vor, es ginge dem Jugendamt eben nicht um das Wohl des Kindes, sondern es handle danach, was der Mutter nützt.
Der Psychologe meint, dass er dem Gericht sowieso nur auf Anfrage und ganz neutral mitteilen wird, das die Bemühungen um Einigung abgebrochen wurden. Das unterstellt völlig neutral, dass beide Elternteile den gleichen Anteil am Abbruch hatten.
Aber die Mutter war nicht an einer Einigung interessiert, nur an der Übernahme ihrer Vorschläge.
Weil die Mutter bei der Übergabe an sie keinen Finger rührt, muss Moritz vom Vater überredet und angezogen, oft auch zum Auto gebracht werden.
Der Vater hat als Selbstständiger die Möglichkeit, vorrangig auch am Wochenende zu arbeiten. Die Mutter behauptet, sie habe eine feste Arbeitnehmerstelle, brauche deshalb den Kindergartenplatz für Moritz. Also bietet der Va-

ter an, das Wechselmodell umzustellen auf Wochentage beim Vater, verlängertes Wochenende bei der Mutter und Kindergarten bei ihm.

Die Klinik, in der die Paar-Therapie mit Vater und Mutter durchgeführt werden soll, nimmt zunächst keine Rücksicht auf die Selbstständigkeit des Vaters und das Umgangsmodell. Er soll ausgerechnet genau am Tag der Umgangsübergabe alle 14 Tage für insgesamt fünf Termine seine Teilnahme am gleichen Wochentag zur gleichen Uhrzeit zusagen. Wer hat sich denn das ausgedacht? Eine so feste Terminvorgabe ist für einen Selbstständigen sowieso schwierig und insbesondere für den jeweils ersten von drei Tagen Umgang eine Zumutung. Die Klinik äußert dann, es sei auf absehbare Zeit kein anderer Termin frei und die Therapeuten seien Selbstständige und deshalb nicht so flexibel! Ach ja? Das ist wirklich eine sehr Kunden orientierte Haltung gegenüber einem Selbstständigen.

Wem immer man von dem Wechselmodell erzählt und den Problemen, der gute Rat ist immer „lass den Kleinen doch der Mutter und Ruhe ist" und Bewunderung für den Vater „wie machst Du das, wie bekommst Du das auf die Reihe mit Kind und Beruf".
Warum wird ein Mann dafür bewundert und daran gehindert, bei der Frau ist es aber selbstverständlich und wird unterstützt?
Das ist auch Diskriminierung, denn hier hat es einen höheren Wert, höhere Anerkennung, wenn es der Mann tut, ist aber nichts besonderes, wenn es die Frau tut.

Der Anwalt bestätigt dem Vater, dass er keine Post annehmen muss, die an die Adresse der Mutter geht und dass die Mutter die Arztrechnungen von Arztbesuchen von Moritz mit ihr selbst bezahlen muss, sie muss das selbst einreichen bei der Krankenkasse.

Kind:

Moritz macht sehr früh ohne Druck bei Vater und Großeltern meistens mit Ansage erfolgreich ins Töpfchen/Toilette. Bei der Mutter ist er offensichtlich noch fünf Monate länger mit Windel.

Bei Vater und Großvater gibt es Lob für Erfolg, bei der Mutter Tadel oder Strafe bei Misserfolg.

Moritz spielt beim Vater in der ganzen Wohnung, bei den Großeltern im ganzen Haus mit allem, was er vorfindet, wie Spielzeug von drei Generationen, viel auch im Arbeitskeller und an der Modellbahnanlage.

Der Wechsel zwischen Vater und Großeltern ist für Moritz völlig unproblematisch, er geht in beiden Fällen gern mit, der Aufenthalt in jedem der Häuser ist völlig normal für ihn, genauso übernachtet er hier oder dort.

Moritz spielt in seinen Wochen in B. immer jeweils mindestens einen ganzen Tag mit seinen Cousinen, meistens übernachten dann alle drei Kinder bei den Großeltern.

Moritz besucht auch gern seine Cousinen und spielt mit ihnen.

Der Vater nimmt, wann immer möglich, Moritz zu den Kindergeburtstagen bei Bekannten mit, insbesondere trifft Moritz auch viel mit den Patenkindern des Vaters zusammen.

Moritz will bei den Übergaben an die Mutter nicht mit, „Mama soll arbeiten, bei Papa bleiben" oder auch „Mama schlagen, Oma fahren". Moritz schreit und weint herzzerreißend, klammert am Vater und Großvater.

Der Vater oder Großvater müssen ihn mit sanfter Gewalt der Mutter auf den Arm geben, die mit dem schreienden Bündel dann zum Auto geht. Es ist grausam. Aber es kümmert niemanden. Das Jugendamt wird erst bei Lebensgefahr aktiv, das psychische Wohl des Kindes spielt anscheinend keine Rolle.

Bei der Abholung durch die Mutter ist Moritz oft gedrückt, aber scheinbar sehr gefasst, will dann nicht mit, „Angst vor Mama", redet leise mit dem Großvater darüber, ihr weh zu tun „Ohr abzwicken mit Zange"…

Die Mutter (und Karl) „trösten" Moritz beim Abholen häufig mit „Du kommst ja nur kurz mit, in ein paar Tagen bist Du wieder hier"!!!

Einmal will Moritz ohne Kuscheltier (!!) und Koffer los (Absicht?). Vater und Großvater gehen mit bis zur Haustür, weil Moritz es so möchte. Er winkt ihnen heftig aus dem Auto zu bis er außer Sicht ist.

Bei den Übergabe von der Mutter an den Vater begrüßt Moritz Vater und Großvater jubelnd ab dem Klingeln, läuft gleich zum Vater und springt auf seinen Arm.
Dann marschiert er ohne Zögern und Rückschauen fröhlich los und plaudert ununterbrochen.
Er will oft keine Verabschiedung, er lehnt sie auch nach Aufforderung ab, es scheint ganz normal und schön für ihn, dass Vater und Großvater ihn abholen.

Oft sagt er bei der Begrüßung des Vaters „habe Dich so vermisst" und umarmt ihn heftig und marschiert mit seinem Koffer los (nur weg!), wartet nicht ab, was die Eltern miteinander noch bereden (wie immer).

Als einmal die Mutter Moritz am Kopf berührt, schreit er „nicht kneifen" und dann „nicht schragen", Vater und Großvater wissen, dass er immer „r" für „l" sagt, also klar „nicht schlagen" meint, die Mutter übersetzt eilfertig (aber falsch) „Papa tragen".

Die ersten zwei Tage beim Vater schlägt und beißt Moritz, wenn ihm etwas nicht passt. Ab dem zweiten Tag lässt er es nach entsprechenden Ermahnungen. Am ersten Tag beim Vater ist er vormittags nicht sauber, sagt zu spät Bescheid. Er ist aber ohne Ermahnungen oder Tadel dann ab nachmittags wieder sauber.

Beim Abholen bei der Mutter hat Moritz jedes Mal einen Ausschlag auf der Wange, der innerhalb von zwei Tagen dann verschwindet. Die Hautärztin hält das für ein Zeichen von Stress bei der Mutter.

Nicht der Wechsel an sich ist eine Belastung für das Kind, sondern die Rückkehr zur Mutter und der Aufenthalt bei der Mutter.

Nach dem zweiten Gerichtstermin fragt Moritz unvermittelt am zweiten Umgangstag „warum muss Moritz wieder zu Mama?", er möchte das offensichtlich nicht.

Er fragt, warum „zurück", nicht „warum muss ich hin und her wechseln"!

Vater und Großvater sagen ihm ehrlich, dass die Richterin das so entschieden hat. Auf sein dann geäußertes „eine Woche Mama, eine Woche Papa" wird ihm ehrlich geantwortet „nicht mehr, Du sollst jetzt bei der Mama leben, den Papa nur noch besuchen, Mama entscheidet alles allein". Dann ist das Thema für ihn wieder beendet

Moritz ruft täglich mehrmals beim Großvater an, wenn er beim Vater ist, in der Woche bei der Mutter gibt es keine Kontakte mit Vater oder Großvater.

Im Urlaub mit dem Vater in Spanien wollte Moritz am Telefon seine Mutter nicht sprechen.

Entgegen den Behauptungen der Frauen-Phalanx vor Gericht hat Moritz exzellente Ortskenntnisse. Er erkennt Orte und Straßenverbindungen, weiß, welche Straße, welche Spur wohin führt, erkennt Gebäude und erinnert Situationen dort. „Kontrolliert" hellwach, ob eine Fahrt mit dem Auto nicht zur Mutter führen könnte!

Moritz hinterfragt bei Vater und Großvater ganz intensiv die Routen und Haltestationen von Straßen- und S-Bahn, insbesondere bei den Übergaben bei der Mutter. Offensichtlich bewegt ihn der Plan, einfach zum Vater zu fahren, wenn er bei der Mutter ist. Gerade auch bei Dreijährigen sin dieser Wille und diese Gefahr nicht zu unterschätzen.

Wenn er bei der Übergabe an die Mutter am Vater klammert, an den Hals kuschelt und die Augen schließt, interpretiert diese es immer als „bist Du (schon wieder) müde?". Aber er ist nicht müde, oft hat er gerade vorher geschlafen. Er will weg aus dieser Welt, dann muss er nicht zur Mutter, will sie nicht anschauen, darum schließt er die Augen beim Klammern am Vater. Jeder Traum scheint schöner als der Aufenthalt bei der Mutter.

Ein Kind hat auch in dem Alter eine Meinung einen Willen, das lässt sich nicht beliebig beeinflussen.

Auch wenn sich Moritz vor der Abholung ganz lieb anziehen lässt und nicht wie soft wegläuft, klammert und weint er aber zwischendurch plötzlich mit „nicht Mama fahren".

Die Mutter und Moritz sind sich bei der Übergabe unglaublich fern.

Moritz weint herzzerreißend, klammert an Vater und Großvater, schreit „nicht Mama fahren, Papa nicht arbeiten, Oma fahren".

Wenn Moritz am ersten Tag den Opa geschlagen hat für ein „nein", hat er dann gleich gestreichelt und „Opa lieb, nicht traurig" gefordert, er hat es trotzdem noch ein paar mal getan. Dann mittendrin im Spielen fällt er dem Großvater um den Hals „Opa habe Dich ganz lieb", was der Großvater genauso erwidert. Danach schlägt Moritz die nächsten Tage nicht mehr.

Als einmal eine Bekannte des Vaters mit ihrer 13jähriger Tochter die Übergabe an die Mutter erlebt, bezeichnen sie sein gesamtes Verhalten als „tapfer".

Moritz hat auf seinem Geburtstag im Freizeitpark mit allen seinen Gästen, Cousinen wie Erwachsenen, fröhlich getobt und gespielt. Als die Mutter mit drei Stunden Verspätung kommt, ist er wie erstarrt, sitzt ihr im Sand in zwei Meter Abstand unbewegt gegenüber, wickelt emotionslos das Päckchen mit Kinder-Lehrbüchern aus. Erst als die Cousinen ihn wegholen, springt er wieder fröhlich umher. Die Mutter beachtet ihn aber nicht weiter, knutscht demonstrativ mit Karl herum.

Bisher erschienen
Band 5 – Vertauschte Rollen
Band 1 - Trennung und Kindesentzug
Band 2 – Im Wechselmodell
Band 3 – Keine Chance für den Vater
Band 4 – Das Wohl des Kindes

Bände 1-6 sind auch in einem Buch gesammelt erschienen:
„Neiiiin nicht zu Mama
– Kinder haben keine Rechte und Väter keine Chance".

In Vorbereitung
Band 6 – Beliebigkeit der Auslegung
Band 7 – Das Gutachten, eine Farce
Band 8 – Moritz leidet weiter
Band 9 – Es wird nicht besser für Mia
Band 10 – Das OLG lässt sich Zeit
Band 11 – Überraschende Wendung
Band 12 – Entfremdung und Entfernung

Der Autor ist Naturwissenschaftler, in Hamburg geboren und aufgewachsen, und lebt in Süddeutschland.
Er hat mehrere Kinder und Enkelkinder und hat den Sorgerechtsstreit in der Familie eines guten Bekannten zum Anlass für diese Buchreihe genommen.

Links und Kontakt zum Autor:
www.neiiiin.de
www.greatgreen.de

email: martin.orack@greatgreen.de
facebook: martin.orack